从法拉第谈磁物理学

刘枫　主编

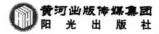
黄河出版传媒集团
阳 光 出 版 社

图书在版编目（CIP）数据

从法拉第谈磁物理学 / 刘枫主编 .－－ 银川：阳光
出版社，2016.7（2022.05重印）
（站在巨人肩上）
ISBN 978-7-5525-2785-8

Ⅰ.① 从 … Ⅱ.① 刘 … Ⅲ.① 法 拉 第，
M.（1791－1867）－ 生平事迹② 电磁学 － 青少年读
物 Ⅳ.① K835.616.1 ② O44－49

中国版本图书馆 CIP 数据核字 (2016) 第 181454 号

站在巨人肩上　从法拉第谈磁物理学　　　　刘枫　主编

责任编辑　徐文佳
封面设计　瑞知堂文化
责任印制　岳建宁

黄河出版传媒集团
阳 光 出 版 社　出版发行

地　　址　宁夏银川市北京东路139号出版大厦（750001）
网　　址　http://www.ygchbs.com
网上书店　http://shop129132959.taobao.com
电子信箱　yangguangchubanshe@163.com
邮购电话　0951-5047283
经　　销　全国新华书店
印刷装订　天津兴湘印务有限公司
印刷委托书号　（宁）0020159

开　　本　710 mm×1000 mm　1/16
印　　张　9.5
字　　数　152千字
版　　次　2016年7月第1版
印　　次　2022年5月第2次印刷
书　　号　ISBN 978-7-5525-2785-8
定　　价　35.80元

前　言

　　哲人培根说过:"读史使人睿智。"是的,历史蕴含着经验与真知。

　　科学的发展是一个漫长的过程,一代又一代的科学家曾为之不懈努力,这里面不仅有着艰辛的探索、曲折的经历和动人的故事,还有成功与失败、欢乐与悲伤,甚至还饱含着血和泪。其中蕴含的人文精神,堪称人类科技文明发展过程中最宝贵的财富。

　　本系列丛书共30本,每本以学科发展状况为主脉,穿插为此学科发展做出重大贡献的一些杰出科学家的动人事迹,旨在从文化角度阐述科学,突出其中的科学内核和人文理念,提升读者的科学素养。

　　为了使本系列丛书有一定的收藏性和视觉效果,书中还汇集了大量的珍贵图片,使昔日世界的重要场景尽呈读者眼前,向广大读者敬献一套图文并茂的科普读本。

　　由于编者水平有限,加之时间仓促,疏误之处在所难免,敬请广大读者批评指正。

编者

目　录

法拉第的自我介绍

名句箴言

我不能说我不珍惜荣誉，并且我承认它很有价值，不过我却从来不为追求这些荣誉而工作。

——法拉第

自我介绍

我是迈克尔·法拉第（Michael Faraday），于 1791 年 9 月 22 日生于伦敦附近的纽因格顿，父亲是铁匠。由于家境贫苦，我只在 7 岁到 9 岁读过三年小学。12 岁当报童，13 岁在一家书店当了装订书的学徒。我喜欢读书，并利用在书店的条件，读了许多科学书籍，并动手做了一些简单的化学实验。

法拉第

盖－吕萨克

1812年秋，我有机会听了著名化学家戴维的四次讲演，激起对科学研究的极大兴趣。我把戴维的讲演精心整理并附上插图后寄给戴维，希望戴维帮助我实现科学研究的愿望。1813年3月，后来戴维推荐我到皇家研究院实验室作他的助理实验员。1813年10月，我跟随戴维到欧洲大陆进行学术考察18个月。在这期间我有幸参观了各国科学家的实验室，结交了安培、盖－吕萨克等著名科学家，了解了他们的科学研究方法。回到英国后，我就开始了独立的研究工作，并于1816年发表了第一篇化学论文，以后又接连发表了几篇。

1820年奥斯特发现电流的磁效应，受到科学界的关注，促进了科学的发展。1821

年英国《哲学年鉴》的主编约请戴维撰写一篇文章,评述奥斯特发现电流磁效应以来电磁学实验的理论发展概况。戴维把这一工作交给了我。我在收集资料的过程中,对电磁现象的研究产生了极大的热情,并开始转向电磁学的研究。我仔细地分析了电流的磁效应等现象,认为既然电流能产生磁,磁能否产生电呢?

1822年我在日记中写下了自己的思想:"磁能转化成电"。我在这方面进行了系统的研究。起初,我试图用强磁铁靠近闭合导线或用强电流使另一闭合导线中产生电流,做了大量的实验,都失败了。经过历时十年的失败、再试验,直到1831年8月29日才取得成功。我接连又做了几十个这类实验。1831年11月24日的论文中,我把产生感应电流的情况概括成五类:变化着的电流;变化着的磁场;运动的恒定电流;运动的磁场;在磁场中运动的导体。

英国著名化学家,"笑气"的发现者戴维

我认为:感应电流与原电流的变化有关,而不是与原电流本身有关。我将这一现象与导体上的静电感应类比,把它取名为"电磁感应"。为了解释电磁感应现象,我曾提出过"电张力"的概念。后来在考虑了电磁感应的各种情况后,认为可以把感应电流的产生归因于导体"切割磁力线"。在电磁感应现象发现 20 年后,直到 1851 年才得出了电磁感应定律。

1833 年到 1834 年,我从实验中得出了电解定律,这是电荷不连续性的最早的有力证据。

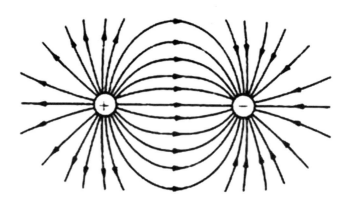

电场线

我的另一贡献是提出了场的概念。我反对超距作用的说法,设想带电体、磁体周围空间存在一种物质,起到传递电、磁力的作用,我把这种物质称为电场、磁场。1852 年,我引入了电力线(即电场线)、磁力线(即磁感线)的概念,并用铁粉显示了磁棒周围的磁力线形状。场的概念和力线的模型,对当时的传统观念是一个重大的突破。

我从近距作用的物理图景出发,还预见了电、磁作用传播的波动性和它们传播的非瞬时性。我在 1832 年 3 月 12 日写给英国皇家学会的一封密封信中,信封上写着"现在应当收藏在皇家学会档案馆里的一些新观点",这封信直到 1938 年才启封公布,信中我说明了自己的上述新观点。

我把自己做过的实验整理成《电学实验研究》一书,书中收集了 3000 多个条目,详细记述了我做过的实验和结论,是一本珍贵的科学文献。

我是靠自学成才的科学家,在科学的征途上辛勤奋斗半个多世纪,不求名利。1825 年,我参与冶炼不锈钢材和折光性能良好的重冕玻璃工作,不少公司和厂家出重金聘请我为他们的技术顾问。面对 15 万镑的财富和没有报酬的学问,我选择了后者。1851 年,我被一致推选为英国皇家学会会长,我也坚决推辞掉了这个职务。把全身心献给了科学研究事业的我,终生过着清贫的日子。

1855 年我从皇家学院退休。

1812 年冬季的一天,一位 21 岁的青年人来到了伦敦皇家学院,要求见著名的院长戴维。作为自荐书,他还带来了一本簿子,里面是他听戴维讲演时记下的笔记。这本簿子装订得整齐美观,这位青年给戴维留下了很好的印象。当时戴维正好缺少一位助手,不久这位申请者就成了法拉第的助手,他就是历史上最伟大的物理学家之一——法拉第。

法拉第与夫人

法拉第的自我介绍

　　法拉第生在一个小村庄,一个手工工人家庭,家里人没有特别的文化,而且颇为贫穷。法拉第的父亲是一个铁匠。法拉第小时候受到的学校教育是很差的。13岁时,他就到一家装订和出售书籍兼营文具生意的铺子里当了学徒。但与别的学徒不同的是他除了装订书籍外,还经常阅读那些书籍。他的老板也鼓励他学习,有一位顾客还送给了他一些听戴维讲演的听讲证。

　　自从法拉第成为戴维的助手后,他就清楚地认识到自己的职业必然是有力量的,进入皇家学院不久,他就成为伦敦皇家学院的一员。1813年戴维夫妇决定去欧洲大陆游历,法拉第作为秘书随行。这次为期18个月的旅行,对法拉第在学术领域的发展起了重大作用。他见到了许多各国著名的科学家,其中几位学者很赏识这位陪伴戴维的朴实年轻人的才华。他还成了德拉里夫和他儿子阿瑟·奥古斯特的终生朋友,他们是日内瓦一个家族的著名物理学家,这个家族无论在才智方面,还是在政治方面,都在日内瓦的社会生活中有杰出的地位,而且远远超出日内瓦的范围。

　　这次旅程从法国延展到意大利(直到那不勒斯)、瑞士、德国和比利时。法拉第是个勤于写信的人,他从少年时期起就结识了不少朋友,他和他们一直通信。在巴黎时戴维与盖－吕萨克曾合作研究一种新物质，他认为是一种新元素碘。这一戏剧性事件和其他事件，都在法拉第的信中都有生动的描述。

意大利风光

比利时风光

德国风光

法拉第信仰宗教，他属于叫作桑德曼教的一个小教派，他终生信奉它，并担任过教会长老多年。显然宗教是法拉第生活中的一个重要部分，他的一些最亲密的朋友也来自同一教派。

法拉第从欧洲大陆游历回来后，几年内都致力于化学分析的科研工作，并在皇家学院担任助手，其中也包括对戴维的重要协助。他在 1816 年发表的第一篇论文，是论述托斯卡纳生石灰的性质的。

许多年后，当法拉第把这篇文章汇入他的文集时曾指出："戴维爵士给了我做这个分析的机会，这是我在化学上的第一次尝试，其实，那时我的恐惧大于我的信心，而这两者又大于我的知识，那时我根本未想到我会写出一篇有创见的科学论文。"

法拉第是一位勤奋、严谨的科研人员，1860 年前后，到法拉第的科学研究活动结束时，他的实验笔记已达到16000 多条，他仔细地依次编号，然后分订成许多卷，在这项工作中法拉第显示了他过去当装订工时学会的高超技能。这些笔记以及其他在装订成书以前或以后的几百条笔记，都已被编成书分卷出版，其中最著名的是他的《电学实验研究》。

这位伟大的"自然哲学家"（法拉第自己如此称呼）研究课题广泛多样，我们按编年顺序排列，主要有如下各方面：铁合金研究（1818—1824 年）；氯和碳的化合物（1820 年）；电磁转动（1821 年）；气体液化（1823—1845年）；光学玻璃（1825—1831 年）；苯的发明（1825 年）；电磁感应现象（1831 年）；不同来源的电的同一性（1832年）；电化学分解（1832 年起）；静电学，电介质（1835 年起）；气体放电（1835 年）；光、电和磁（1845 年起）；抗磁性（1845 年起）；射线振动思想（1846 年起）；重力和电（1849 年起）；时间和磁性（1857 年起）。要对他的庞大研究成果作全面分析，不是一个普通人所做得了的，而且需要有非常大的篇幅才行。

1830 年以前,可以说法拉第主要是以一位化学家的身份站在历史舞台上的,但他也曾在 1821 年着手研究过电和磁,可能由此而为他的物理学研究埋下了种子,10 年以后即在物理领域有了伟大的发现。法拉第的第一个科学活动时期终止于 1830 年,那时他已成为很有成就的专业分析化学和实验顾问,而且更重要的是,由于他的坚实的科学成就,已赢得了国际声誉。这些科学成就包括制备一些新的碳化合物,如由他命名的"高氯化碳"或现代命名的"六氯乙烷"和"四氯乙烯",以及研究伦敦照明用的气体(法拉第的哥哥在该部门工作)。这种气体是用动物油加热而制成的,储存在圆柱形铁罐内,它往往在铁罐内残留下一种液体。法拉第非常仔细而巧妙地对这种残余液体进行了分析,发现它含有一种沸点固定在 80℃ 的成分,它的大致组分为 CH。这就是苯,它是有机化学的主要支柱之一。但是法拉第发现苯时,并没有认识到它在后来的重要

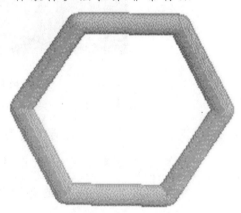

苯环形状

性,当然也不了解它的奇异的分子结构。这些发明和发现表明,如果法拉第没有其他贡献,他也将被认为是杰出的化学家。

事实上,在 19 世纪 20 年代,他就已成功地液化了好几种气体。他最初所用的仪器非常简陋,只是一个弯成倒"V"字形的结实的玻璃管。他在玻璃管一端放入产生气体的物质,把另一端浸在制冷混合液体中。这时放出的气体使管内的压力增加。他就是采用这种简单技巧,液化了氯、二氧化硫、硫化氢、二氧化碳、一氧化二氮、氨、氯化氢以及其他物质。

乌兹钢

1818 年起,法拉第和一位外科医生、皇家学会会员斯托达特合作了几年,试图制造出一种改良钢,它的防锈能力要比英国当时所用的钢产品更强,能用来制造更锋利的刀片。 当时的冶金技术仍然偏重经验技术。印度生产的一种"乌兹钢",是当时最优质的刀片钢。法拉第和斯托达特在铁内掺入其他金属,例如铂、银、钯、铬等,制成了各种合金钢,但斯托达特在 1823 年去世,法拉第转到其他工作去了。他们当时是可能发现现代冶金学的一些重要结果的。他们所制刀片的一些样品至今仍保存着,其中有一些质量很高。

所有这些工作都证明了法拉第卓越的化学才能和工艺才能。他把他的丰富经验总结为一本六百多页的巨著,书名为《化学操作》,于 1827 年出版。这是法拉第除了电学研究和其他研究论文集外所写的唯一的一本书。就是在今天仔细阅读它,也会给人一种直接和新颖的非凡印象。

法拉第的工作地点一直是皇家学院,他与它打成了一片。法拉第和夫人萨拉住在那里(他们有一个幸福的家庭,但没有小孩),直到 1858 年维多利亚女王赐给他们一座皇家住宅。但是甚至那时,他也仍然继续保存着皇家学院的房子,那里有完全符合他要求的实验室。

戴维曾想表示他对法拉第的感激,但皇家学院经济一直困难。1825 年他建议任命法拉第为实验室主任,以表示他的敬意。此后不久,法拉第创办了一个定期的"星期五晚讲座",至今仍延续下来。法拉第曾花费了许多精力来提高他的讲演艺术,并且为此而名声卓著。他对讲演提出了各种建议和准则,完善到包括一切细节,

在伦敦皇家学院讲演的法拉第

这些建议和准则一直传给了皇家学院现在的讲演人。他讲演的高超技巧的一个实际结果是：尽管皇家学院的听讲费颇为昂贵，但只要是法拉第讲演，讲演大厅里就会挤得水泄不通。其他人的讲演平均只有 2/3 的听众。除了星期五晚讲座外，法拉第还为儿童设立了专门的通俗讲演，在圣诞节期间举行。他的圣诞节讲座的主题之一是《蜡烛的化学史》，一个多世纪以来，曾经鼓舞了无数青年人，使他们从中获得快乐。这本书已被译成了许多种文字，至今仍在发行。

法拉第在 1824 年被选为皇家学会会员，他当时 33 岁。在法拉第竞选皇家学会会员时，戴维是皇家学会会长,但是出于某种心理,他反对这一选举,尽管他曾经慷慨地帮助和保护过法拉第。这是反映了人类弱点的一个不幸的小插曲。

以前,法拉第在皇家学院的年薪只有 100 英镑,1833 年他被任命为该院的化学教授,薪金增加了一倍。他的收入应该算是丰厚的,而且如果他爱钱的话,他甚至可以成为一个富翁。1835 年,当时的首相梅尔本从王室年俸中拨给他一笔 300 英镑的养老金。但他这样做时使用了一些不恰当的语言,使法拉第的自尊心受到了伤害。法拉第在一封尖锐的信中拒绝了养老金。这位首相不得不向他表示歉意,以便劝他接受这笔养老金。

法拉第一生的精力都用在科研上,一旦有可能,他就拒绝大部分兼职工作,严格地削减社会活动。他给人的印象是,只有实验研究才是他真正的兴趣所在。他不参加任何社会活动,拒绝了许多授给他的荣誉,包括 1857 年要选他为皇家学会会长。他不同意皇家学会当权派的意见,他希望被选举人只限于科学界人士,而不要选只是业余科学爱好者的贵族会员或其他重要人物。1835 年,他不再参加皇家学会会议,虽然他仍把科学论文送给学会。

尽管法拉第是一位卓越的老师,但他在科学上没有直接的学生和合作者。他的工作方法很与众不同，尤其是他思考物理问题的方法，都妨碍了他建立自己的学派。形式数学知识的缺乏，加上他的丰富和敏捷的想象力，使他难于和别人进行学术交往，也只有麦克斯韦能够真正地探测出他的思想。

法拉第自己说："我从来没有学生来帮助我，我总是自己动手准备实验和做实验，一边工作，一边思考。我认为我不能和别人一起工作，或者把所想的说出来，或者及时地解释我的思想。有时我和我的助手是一起在实验室里好几小时或好几天，他准备讲演用的仪器，或者做清洗工作，我们之间几乎不说一句话。"

法拉第在早年生活中就开始有头痛病，头晕目眩，特别是丧失记忆力的问题。这些症状是由于工作过度而引起的，休息期间就会得到暂时的恢复。1839 至 1844 年间，他发生了一次最严重的精神衰竭症，被迫长时间休假。这个时期，他在瑞士疗养，期间他写的日记中反映了他对自然界、植物和动物的爱好；他保存的植物标本堆积如山，而且整理得有条不紊。他说 45 英里的步行对他是一件平常的事，这证明了他的体质并不算太坏。他愿意用健康来换取记忆力的提高。他的症状可能是由于水银中毒引起的。当时其他一些化学家和物理学家也都有类似的烦恼。虽然他只在开始发病时停止工作,但他活动能力的减退差不多持续了五年,直到1845年秋才完全恢复。

法拉第做出成就最大的时期是1830至1839年,当时他是对现代电学发现做出贡献的第一流科学家。1821年他研究了奥斯特发现的电流的磁作用,做出了一项重大发现:磁作用的方向是与产生磁作用的电流的方向垂直的。法拉第还制成了一种电动机,证明了导线在恒定磁场内的转动。他甚至还证明了在地磁场内的这种转动。这个实验给他本人和他的同时代人都留下了深刻的印象。

法拉第一直坚信,电与磁的关系必须被推广,如果电流能产生磁场,那么磁场也一定能产生电流。法拉第为此冥思苦想了十年。他也做了许多次实验结果都失败了。直到1831年年底,实验终于有了巨大的突破:他发明了一种电磁电流发生器,这就是最原始的发电机。这时的法拉第不仅做出了跨时代的贡献而且奠定了未来电力工业的基础。

曾有一个政治家问法拉第,他的发明有什么用处。他回答说:"我现在还不知道,但有一天你将从它们身上去抽税。"

　　法拉第的另一大发现是抗磁性。他发现许多物质在做成细针时都会使自己的方向垂直于磁力线。而且它被磁铁的两极推开，这种行为是由很弱的力产生的，它要比作用在磁场中铁上的力弱得多。这是很值得仔细研究的一种现象，为此法拉第花费了好几个月来研究它。

　　法拉第还对麦克斯韦的光的电磁理论的建立做出贡献。1846 年法拉第在皇家学院代替惠斯通作了一次报告。当时惠斯通原定报告他的一些研究工作，但到了最后一刻，他突然惊慌失措，跑出了会场。法拉第只好作了一个即席讲演，

惠斯通

但是他的报告还不到预定的时间，不得不当场补充一些材料，这时他谈到了一直在他脑海里酝酿着的一些想

法,并且谈得十分小心谨慎。但是话既说出了,他就写成了一篇短文,题目是《对射线振动的一些想法》。这篇文章写得并不十分清楚,不过它却包含了一些令人惊异的新的基本观点。当然,这篇文章充其量只能称为光的电磁理论的一个明确预兆。

到 18 年后,这时麦克斯韦建立了光的电磁理论。他说:"法拉第教授在他的《对射线振动的一些想法》一文中明确地提出了横向磁扰动的传播的概念而为正常的磁扰动。他提出的光的电磁理论,实质上和我在这篇文章中开始提出的是相同的,不同的只是在 1846 年还没有实验数据可以用来计算传播速度。"

在 19 世纪 50 年代,法拉第的科学活动能力有所减弱。他又为记忆力的日益衰退而苦恼。他虽然仍能做些实验,但速度已大不如前。他一直力图找出重力和电之间的相互作用,但结果是否定的。但这探索从法拉第、爱因斯坦,一直到现在,仍在继续

爱因斯坦

进行。在这个发现停顿低潮时期,法拉第仍力图帮助公众。他致力于解决已经在困扰着伦敦的各种问题,例如保存绘画不受空气污染的损害。

1862 年法拉第做了最后一次物理实验,试图发现磁场对放在磁场内的光源发出的光线的影响,但结果是否定的,其实,那是因为当时他用的仪器还不够灵敏,不能探测到这种微细的效应。30 年后,当时还是青年的塞曼,从阅读法拉第的实验计划受到启发,他用更精密的仪器重新做实验,发现了塞曼效应,它是新原子物理学的先兆之一。

在生命的最后几年,法拉第由于记忆力日益丧失,已经逐渐失去了工作能力。1860年他发表了他最后一次圣诞节讲演,1864 年他辞去了皇家学院教授职务。他的健康状况显然已处在危险之中,因此他辞去了所有其他职务,包括 1864 年辞去桑德曼教会的长老职务。他于 1867 去世,终年 76 岁。

塞曼

法拉第的自我介绍

每个时代都需要有一些特殊才智的人,法拉第的伟大成功也许部分地正是由于他所生活的时代。法拉第无论生前和身后,都被公认为最伟大的"自然哲学家"之一。他的非凡才智是什么呢?丰富的想象力加上足智多谋的实验才能,工作热情和相应的耐性,使他能够迅速地分辨假象与真正发现的批判精神,统观一切的广阔视野。他还具有一些健全的哲学思想,他深刻的几何学上和空间上的洞察力,以及善于持久思考的能力,正好补偿了他数学上的不足。在他留下来的笔记中,有下面一段话:

"我一直冥思苦索什么是使哲学家获得成功的条件。是勤奋和坚韧精神加上良好的感觉能力和机智吗?难道适度的自信和认真精神不是必要的条件吗?许多人的失败难道不是因为他们所向往的是猎取名望,而不是纯真地追求知识,以及因获得知识而使心灵得到满足的快乐吗?我相信,我已见到过许多人,他们是矢志献身于科学的高尚的和成功的人,他们为自己获得了很高名望,但是还有一种在他们心灵上总是存在着妒忌或后悔的阴影,我不能设想一个人有了这种感情能够做出科学发现。至于天才及其威力,可能是存在的,我也相信是存在的,但是,我长期以来为我们实验室寻找天才却从未找到过。不过我看到了许多人，如果他们真能严格要求自己，我想他们已成为有成就的实验哲学家了。"

开尔文勋爵对法拉第非常了解，他在纪念法拉第的文章中说：

"他的敏捷和活跃的品质，难以用言语形容。他的天才光辉四射，使他的出现呈现出智慧之光，他的神态有一种独特之美，这有幸在他家里——皇家学院见过他的任何人都会感觉到的，从思想最深刻的哲学家到最质朴的儿童。"

开尔文

亥姆霍兹（Hermannvon Helmholtz，1821—1894 年）德国物理学家、生理学家。使他在科学界最负盛名的是能量守恒定律的提出。1821 年 10 月 31 日生于柏林波茨坦的一个中学教师家庭。中学毕业后由于经济困难不能进入柏林

亥姆霍兹

大学学习物理,以毕业后在军队服役 8 年为条件换取公费进入柏林皇家军事医学院。但他在学习期间仍努力在柏林大学旁听,并自学了伯努利、康德、拉普拉斯、毕奥等人的著作。1842 年获医学博士学位,被任命为波茨坦驻军军医。这期间他开始研究生理学特别是感觉生理学。他提倡以物理学、化学为基础来研究生物学,受李比希的《动物化学》的影响,提出体温和肌肉的作用来源于食物的燃烧热。通过对动物体的大量实验,总结出"一种自然力如果由另一种自然力产生时,其中当量不变。"这最终导致他明确地提出能量守恒定律。1847 年他在新成立的德国物理学会发表了著名的"关于力的守恒"讲演。从而第二年被特许从军队退役,担任柯尼斯堡大学的生理学副教授。

从 1871 年开始,亥姆霍兹的研究方向转向物理学。在电磁理论方面,他测出电磁感应的传播速度为 314000km/s,由法拉第电解定律推导出电可能是粒子。由于他的一系列讲演,麦克斯韦的电磁理论才真正引起欧洲大陆物理学家的注意,并且导致他的学生赫兹于 1887 年用实验证实电磁波的存在以及取得一系列重大成果。在热力学研究方面,于 1882 年发表论文《化学过程的热力学》,他把化学反应中的"束缚能"和"自由能"区别开来,指出前者只能转化为热,后者却可以转化为其他形式的能量。他从克劳修斯的方程,导出了后来称作的吉布斯—亥姆霍兹方程。他还研究了流体力学中的涡流、海浪形成机理和若干气象问题。

这位物理学界的巨人对法拉第的评价也很高。从他写给他夫人的一封信,也可以使我们对法拉第的性格有更深刻的认识:

"我有幸会见了英国和欧洲的第一流物理学家法拉第……这对我是一个非常幸福和高兴的时刻。他淳朴、温和、谦恭有如小孩。我尚未遇见过这样可爱的人。而且,他待人也是最亲切的,他亲自向我展示了一切。但是这不算什么,因为只要有一些木头,一些导线和一些铁片,就足以使他做出最伟大的发现。"

磁基础

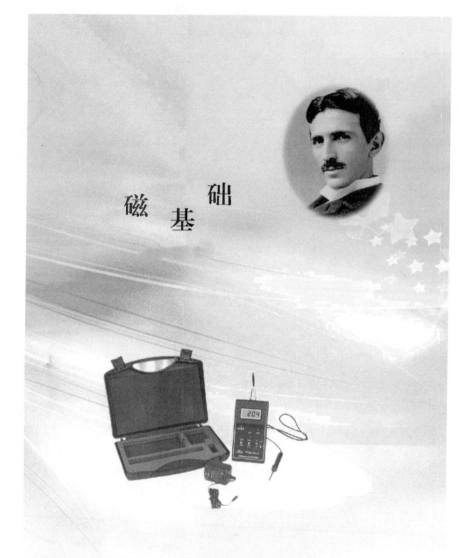

读书愈多，精神就愈健壮而勇敢。

——高尔基

名句箴言

常见磁现象

对于磁，我们看不到摸不着，其实，在我们身边它无处不在，我们生活的每时每刻都和磁有关。没有它，我们就无法看电视、听收音机、打电话；没有它，连夜晚甚至都是一片漆黑。

虽然，人类很早就认识到磁现象，但直到现代，人们对磁现象的认识才逐渐系统化，发明了不计其数的电磁仪器，像电话、无线电、发电机、电动机等。如今,磁技术已经渗透到了我们的日常生活和工农业技术的各个方面,我们已经越来越离不开磁性材料的广泛应用。

由于物质的磁性既看不到,也摸不着的特性决定了我们无法通过自己的五种感官(听觉、视觉、味觉、嗅觉、触觉)直接体会磁性的存在,但人们还是在实践中逐步揭开了其神秘面纱。我们知道磁铁总有两个磁极,一个是 N 极,另一个是 S 极。一块磁铁,如果从中间锯开,它就变成了两块磁铁,它们各有一对磁极。不论把磁铁分割得多么小,它总是有 N 极和 S 极,也就是说 N 极和 S 极总是成对出现,我们无法让一块磁铁只有 N 极或只有 S 极。

同性相斥、异性相吸这是公认的真理。也就是说,N 极和 S 极靠近时会相互吸引,而 N 极和 N 极靠近时会互相排斥。知道了这一点,我们就明白了为什么指南针会自动指示方向。原来,地球就是一块巨大的磁铁,它的 N 极在地理的南极附近,而 S 极在地理的北极附近。这样,如果把一块长条形的磁铁用细线从中间悬挂起来,让它自由转动,那么,磁铁的 N 极就会和地球的 S 极互相吸引,磁铁的 S 极和地球的 N 极互相吸引,使得磁铁方向转动,直到磁铁的 N 极和 S 极分别指向地球的 S 极和 N 极为止。这时,磁铁的 N 极所指示的方向就是地理的北极附近。

名句箴言

天才所要求的最先和最后的东西都是对真理的热爱。

——歌德

磁性与磁场

什么是磁性？简单说来，磁性是物质放在不均匀的磁场中会受到磁力的作用。在相同的不均匀磁场中，由单位质量的物质所受到的磁力方向和强度，来确定物质磁性的强弱。因为任何物质都具有磁性，所以任何物质在不均匀磁场中都会受到磁力的作用。

怎样表示物质磁性的强弱呢？为

什么吸铁石并没有接触钢铁就可以吸引它？在一块硬纸板的下面放两块磁铁，并且让它们的 S 极相对。纸板上面撒一些细的铁粉末。看会发生什么现象？铁的粉末会自动排列起来，形成一串串曲线的样子。其中，N 极和 S 极之间的曲线是连续的，也就是说曲线从 N 极直至 S 极。而 S 极和 S 极之间的曲线互相排斥，不能融合和贯穿。这种现象说明，磁铁的磁极之间存在某种联系。因此，我们可以假想，在磁极之间存在着一种曲线，它代表着磁极之间相互作用的强弱。这种假想的曲线称为磁力线，并规定磁力线从 N 极出发，最终进入 S 极。这样，只要有磁极存在，它就向空间不断地发出磁力线，而且离磁极近的地方磁力线密，而远处磁力线稀疏。铁粉末的排列形状就是磁力线的走向。

有了磁力线，我们就可以很方便地描述磁铁之间的相互作用。但是必须明白，磁力线是我们为了理解方便而假想的，实际上并不存在。在磁极周围的空间中真正存在的不是磁力线，而是一种场，我们称之为磁场。磁性物质的相互吸引等就是通过磁场进行的。我们知道，物质之间存在万有引力，它是一种引力场。磁场与之类似，是一种布满磁极周围空间的场。磁场的强弱可以用假想的磁力线数量来表示，磁力线密的地方磁场强，磁力线疏的地方磁场弱。单位截面上穿过的磁力线数目称为磁通量密度。

运动的带电粒子在磁场中会受到一种称为洛仑兹

（Lorentz）力作用。由同样带电粒子在不同磁场中所受到洛仑磁力的大小来确定磁场强度的高低。测量脉冲强磁场的磁通密度的特斯拉磁强计，简称特斯拉计。特斯拉是磁通密度的国际单位制单位。磁通密度是描述磁场的基本

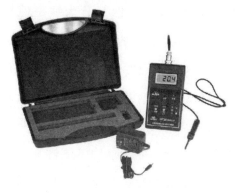

数字特斯拉计

物理量，而磁场强度是描述磁场的辅助量。特斯拉（Tesla，N）（1886—1943 年）是克罗地亚裔美国电机工程师，曾发明变压器和交流电动机。

物质的磁性不但是普遍存在的，而且是多种多样的，并因此得到广泛的研究和应用。近到我们的身体和周边的物质，远至各种星体和星际中的物质，微观世界的原子、原子核和基本粒子，宏观世界的各种材料，都具有这样或那样的磁性。

世界上的物质究竟有多少种磁性呢？一般说来，物质的磁性

特斯拉

可以分为弱磁性和强磁性,再根据磁性的不同特点,弱磁性又分为抗磁性、顺磁性和反铁磁性,强磁性又分为铁磁性和亚铁磁性。这些都是宏观物质的原子中的电子产生的磁性,原子中的原子核也具有磁性,称为核磁性。但是核磁性只有电子磁性的约千分之一或更低,故一般讲物质磁性和原子磁性都主要考虑原子中的电子磁性。原子核的磁性很低是由于原子核的质量远高于电子的质量,而且原子核磁性在一定条件下仍有着重要的应用,例如现在医学上应用的核磁共振成像(也常称磁共振CT,CT是计算机化层析成像的英文名词的缩写),便是应用氢原子核的磁性。

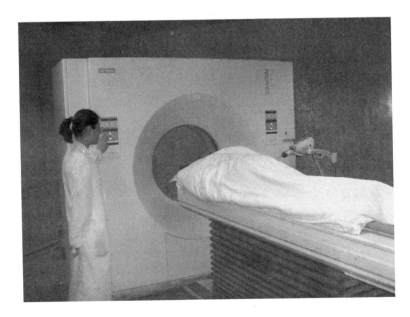

CT 检查

名句箴言

生活在我们这个世界里，不读书就完全不可能了解人。

——高尔基

磁性的来源

物质的磁性来自构成物质的原子，原子的磁性又主要来自原子中的电子。那么电子的磁性又是怎样的呢？从科学研究已经知道，原子中电子的磁性有两个来源。一个来源是电子本身具有自旋，因而能产生自旋磁性，称为自旋磁矩；另一个来源是原子中电子绕原子核作轨道运动时也能产生轨道磁性,称为轨道磁性。我们知道,物质是由原子组成的,而原子又是由原子核和位于原子核外的电子组成的。原子核好像太阳,而核外电子就仿佛是围绕太阳运转的行星。另外,电子除了绕着原子核公转以外,自己还有自转(叫作自旋),跟地球的情况差不多。一个原子就像一个小小的"太阳系"。另外,如果一个原子的核外电子数量多,那么电子会分层,每一层有不同数量的电子。第一层为1s,第二层有两个亚层2s和2p,第三层有三个亚层3s、3p和3d,依此类推。如果不分层,这么多的电子混乱地绕原子核公转,是不是要撞到一起呢?

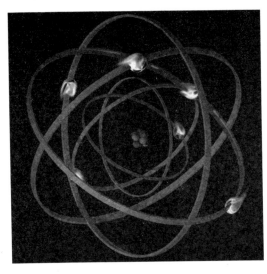

原子结构模型

在原子中,核外电子带有负电荷,是一种带电粒子。电子的自转会使电子本身具有磁性,成为一个小小的磁铁,具有N极和S极。也就是说,电子就好像很多小小的磁铁绕原子核在旋转。这种情况实际上类似于电流产生磁场的情况。

既然电子的自转会使它成为小磁铁,那么原子乃至整个物体会不会就自然而然地也成为一个磁铁了呢?当然不是。如果是的话,岂不是所有的物质都有磁性了?为什么只有少数物质(像铁、钴、镍等)才具有磁性呢?原来,电子的自转方向总共有上下两种。在一些数物质中,具有向上自转和向下自转的电子数目一样多,它们产生的磁极会互相抵消,整个原子,以至于整个物体对外没有磁性。而低于大多数自转方向不同的电子数目不同的情况来说,虽然这些电子的磁矩不能相互抵消,导致整个原子具有一定的总磁矩。但是这些原子磁矩之间没有相互作用,它们是混乱排列的,所以整个物体没有强磁性。只有少数物质(例如铁、钴、镍),它们的原子内部电子在不同自转方向上的数量不一样,这样,在自转相反的电子磁极互相抵消以后,还剩余一部分电子的磁矩没有被抵消。这样,整个原子具有总的磁矩。同时,由于一种被称为"交换作用"的机理,这些原子磁矩之间被整齐地排列起来,整个物体也就有了磁性。当剩余的电子数量不同时,物体显示的磁性强弱也不同。例如,铁的原子中没有被抵消的电子磁极数最多,原子的总剩余磁性最强。而镍原子中自转没有被抵消的电子数量很少,所有它的磁性比较弱。

磁是什么？一般提起磁，有些人都觉得磁是较为少见的,好像主要就是磁石或磁铁吸引铁,和指南针可以指示南北方向,而把一般物质称为无磁性或非磁性。

磁铁吸铁

情况真是这样吗？现代科学的发展已经表明这样的看法是不对的。现代科学研究和实际应用已经充分证实:任何物质都具有磁性,只是有的物质磁性强,有的物质磁性弱;任何空间都存在磁场,只是有的空间磁场高,有的空间磁场低。所以说包含物质磁性和空间磁场的磁现象是普遍存在的。

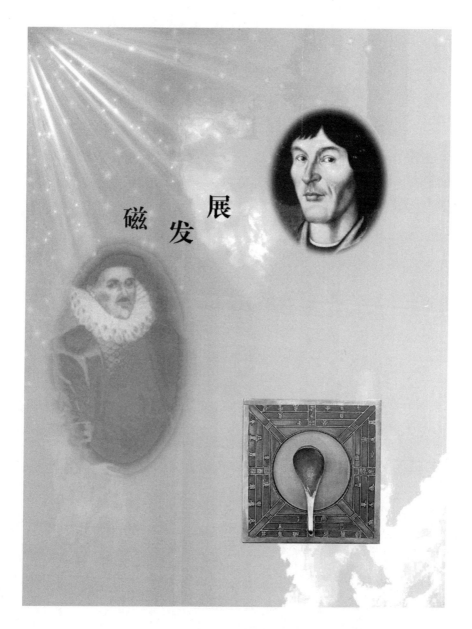

磁 发 展

拼命去取得成功，但不要期望一定会成功。

——法拉第

名句箴言

为人类交往指明航向

据说秦始皇在位时，身边网罗了一批术士来为他寻求长生不死仙药。有一天，一位叫徐福的术士奏本说："在东方的大海上有三座神山，名叫蓬莱、方丈、瀛洲，仙人们都在那里居住。请让我率领一批童男童女前往寻求。"秦始皇很高兴，给了他数名童男童女，又为他造个大船，让他从现在的山东日照市附近出海了,谁知徐福却一去不返。

秦始皇准奏并遣徐福入海求仙雕像群

（山东胶南琅琊台）

徐福雕像

几千年过去了,秦始皇早已成为历史的陈迹。但徐福渡海求药的故事并没有为人们忘却。有些历史学家认为,当时徐福他们是横渡过黄海和朝鲜海峡到达了日本。如果真是这样,徐福可以算得是中国航海家中的先驱人物了。

茫茫大海,无边汪洋,在海上航行可不是件容易的事。首先航向要找准,否则,如果航向偏离1°,那就可能永远也到达不了目的地,终生在海上漂荡吧。有人可能会说：要找准航向好办，可以用太阳，也可以用星星定位。不错，这的确是个好办法，远古时期的人们就是这么做的。但是如果碰到了阴雨天怎么办？碰到那种"阴风怒号，浊浪排空，日星隐曜，山岳潜形"的天气怎么办？要知道，这种天气在大海上是极常见的。这种时候，太阳啊，星光啊，一切可以利用的目标全都不见了，剩下的只有船只蛋壳般漂在海上。然而这些都难不倒智慧的古代人。人类的航海业还是越来越发达。到隋唐时期，中国不仅同朝鲜、日本海上往来十分频繁，而且同阿拉伯各国也有了海上航线。宋朝时，中国庞大的商船队经常往返于南太平洋和印度洋之间。

是什么原因使航海家们不再惧怕没有太阳和星光的日子，而继续保持他们正确的航向呢？是当时航海最有效的方向指示仪器——指南针。

宋朝学者朱彧在他的《萍洲可谈》一书中记录了指南针在航海中的作用："舟师识地理，夜则观星，昼则观日，阴晦观指南针。"随着指南针在航海上的不断应用，

现代指南针

人们对它的依赖也与日俱增。南宋《梦粱录》一书中说："风雨冥晦时,唯凭针盘而行,乃火长掌之,毫厘不敢差误,盖一舟人命所系也。"这真是大海航行靠舵手,舵手要靠指南针,没有科学领航,光凭舵手的经验和感觉,有时就要坏事。到元代时,指南针已经成为航海上最重要的仪器了,无论什么时候都用指南针领航。这时还专门编制出指南针路,船行到什么地方,采用什么针位,一路航线都一一标识明白。明代郑和下西洋,从江苏刘家港出发到印尼苏门答腊,沿途航线都标有指南针路,指南针为开辟中国到东非航线提供了可靠保证。以后,哥伦布航行抵达美洲大陆和麦哲伦环球航行也都依赖的是指南针。

指南针和由指南针发展而来的许多仪器对人类发展产生了重大贡献。

指南针大约出现在中国战国时期。最初的指南针是用天然磁石制成的,样子像只勺,圆底,可以在平滑的"地盘"上自由旋转,等它静止的时候,勺柄就会指向南方。古人称为"司南"。东汉学者王充在他的书中说:"司南之杓投之于地,其柢指南。"地盘上四周刻有分度,共二十四向,用来配

司南

合司南定向。古时人出远门要带上司南,以免迷失方向。这种司南的模型今天在北京历史博物馆中还能见到。

后来,随着社会生产力的不断发展,尤其是航海业的不断扩大和发展,人们发现了人工磁化的方法,从而出现了指南鱼和指南针。指南鱼就是用薄铁叶裁成鱼形,然后用地磁场磁化法使它带上磁性。在需要定向时,把它浮在水面,铁叶鱼就能指南。指南针是用磁石摩擦钢针得到的。钢针经磁石摩擦磁化后,就可以指南。古代所有的指南针都是用这种人工磁化的方法得到的。用丝线把磁针悬挂起来,使它处于平衡状态,针的两端就指向南北方向。当然,使用指南针也需要方位盘的配合。方位盘和磁针结为一体的仪器就是罗盘。罗盘仍有二十四向,但盘已由方形演化为圆形。

指南鱼

中国的指南针大约在公元 12 世纪末到 13 世纪初传入阿拉伯,然后再由阿拉伯传入欧洲。那时到中国来的阿拉伯人都乐于乘坐中国船只,因为中国船船身大,结构坚固,航速快。这就为罗盘传入西方提供了基础。西方在学会使用罗盘后,根据实际需要又进行了科学的改进。由于罗盘在随船体大幅度摆动时,常使磁针过分倾斜而靠在盘体上转动不了。欧洲人设计了称为"方向支架"的常平架,它是由两个铜圈组成,两圈的直径略有差别,使小圈正好内切于大圈,并用枢轴把它们联结起来,然后再用枢轴把它们安在一个固定的支架上。罗盘就挂在内圈里,这样,不论船体怎么摆动,罗盘总能保持水平状态。这种仪器的原理已经是比较近代化了。

现位于上海交大的古代指南针模型

如果人们对某一种仪器或工具,只知道它的功能而不知道它为什么会有这种功能,那还不能说对它的认识具有科学水平。指南针也是这样,如果人们只知道它指向固定方向不变, 而不去研究其中的缘由,人类就只好处于前科学的状态,而还没有进入科学的殿堂。当然,在科学发展史上,人类总是从先发现某种功用性质出发,然后才去探究功用或现象背后的为什么。对指南针也是这样,古时人们从注意它的磁性出发而一步步认识内在的东西。

由于磁石具有吸铁性质,古人把这种性质比做母子相恋,认为"石,铁之母也。以有磁石,故能引其子;石之不慈者,亦不能引也。"汉朝以前,磁石都写成"磁石"。人们还注意到磁石不能吸引铜,更不能吸引瓦,这就是"及其于铜则不通","而求瓦则难矣"。宋朝的陈显微和俞琰对此曾作了探讨,认为磁石所以吸引铁,是有它本身内部的原因,是由铁和磁石之间内在的"气"的联系决定的。明朝刘献廷也认为磁石引铁是由于它们之间具有"隔碍潜通"的特性。他还记录了磁屏蔽现象:"或问余曰:'磁石吸铁,何物可以隔之?'犹子阿孺曰:'唯铁可以隔之耳。'"虽然这种解释是错误的,但是由于当时的科学发展水平,能考虑到这个问题已经难能可贵了。

在磁学中,磁偏角、磁倾角和磁场强度是地磁三要素。磁偏角是由于地球磁场的南北极和地理上的南北极并不完全重合产生的,磁倾角是地球磁场强度方向和当地水平夹角。欧洲人对磁偏角的最早发现是哥伦布海上探险的1492年,磁倾角的发现还要更晚一点。在中国,这一切的发现要早于欧洲。关于磁倾角,宋朝就已经察觉这个事实了。人们指出,指南针磁化过程中,它的北向总是向下倾斜。这就隐

哥伦布

沈括

含着当时人们已经意识到倾角的存在。

宋朝的沈括在记述天然磁石摩擦钢针可以指南时指出："然常偏东，不全南也"。这是世界上最早的关于磁偏角的记载。地磁学告诉我们，磁偏角是随着地点的变化而变化的，又由于地磁极在不断变化，磁偏角也随之变化。所以沈括说"常微偏东"，而不是说"恒微偏东"，说明他意识到磁偏角还是有些微变化的。到南宋时，磁偏角因地而异的情况更有明确记载，并被应用到罗盘上。所谓"天地南北之正，当用子午。或谓江南地偏，难用子午之正，故丙壬参之。"这是说，在地理子午线和地磁子午线一致的地方,用指南针可以;而中国东南部,地理子午线和地磁子午线有一个夹角,所以需要用其他方法来修正一下。

作为四大发明之一的指南针,历来是中国人引以为豪的,这一发明不但说明了中国古代人民的智慧和观察能力,而且是中国对世界历史发展的巨大贡献。如果说,科学进步的历史是全世界各国人民共同推动的,那么说中国古代曾处于这个行列的前面,则是一点也不过分的。

读书以过目成诵为能，最是不济事。

——郑板桥

名句箴言

医生吉尔伯特的发现

生平简介

吉尔伯特（1540—1603 年）是英国医生、物理学家。1540 年 5 月 24 日诞生于英格兰科尔切斯特的艾塞克斯的一个中产阶级家庭。

吉尔伯特于 1558 年考入剑桥圣约

翰学院,1569 年获医学博士学位。1575 年前后在伦敦开业行医。1581 年进入皇家医学院工作,历任学院司库、学院领导成员、院长。在英国,甚至在欧洲大陆,吉尔伯特是一个具有很大成就和声誉的医生。1601 年应召进宫,任伊丽莎白(一世)女王的御医。

吉尔伯特

吉尔伯特起初研究过化学,后来花了二十年左右的时间,进行了关于电和磁的实验。吉尔伯特在伦敦的时候,一直住在圣彼得山上的皇家实验室里,这儿也是科学家们集会的中心。

伊丽莎白女王去世后,他接着被任命为詹姆斯一世的

伊丽莎白一世

宫廷御医,但不久他本人也去世了,这一年是 1603 年。他生前赞同哥白尼学说,这对日心理论在英国的传播起了很大的作用。

剑桥圣约翰学院的叹息桥

科学成就

中国人发明的指南针经由阿拉伯人传入欧洲之后,很快在航海业中得到广泛的使用,13 世纪时,帕雷格里纳斯(Peter Peregrinus)曾对磁针进行过研究,但这项工作不久即被人遗忘。吉尔伯特大大发展了对磁针特性的了解,他用实验驳斥了当时人们的一种谬见,即将大蒜抹在磁铁上将破坏其磁性,实验表明,磁铁的磁力丝毫不受影响。他还发现了磁倾角,当一个小磁针放在地球上除南北极之外的地方时,它有一个朝向地面的小小倾斜,这是因为地磁极吸引的结果。吉尔伯特的天才之处就在于,他由磁倾角推测,地球是一块大磁石,而且用一个球形的磁石做了一个模拟实验,证明了磁倾角的确来源于球状大磁石。由于地球有磁极,因此吉尔伯特指出"所有的仪器制造师、航海家,在把天然磁石的北极当成磁石倾向于北方的部分时显然是错了,磁针的北极应指向南极"。

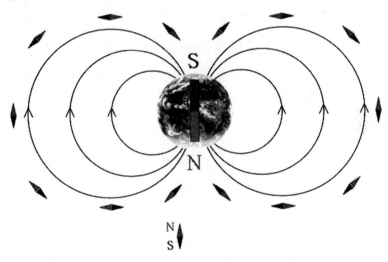

地磁场示意图

吉尔伯特在物理学中的贡献还在于他开创了电学和磁学的近代研究。1600 年他发表了一部巨著《论磁》,系统地总结和阐述了他对磁的研究成果。使他在物理学史上留下了不朽的位置。在《论磁》中,吉尔伯特说:"一个均匀磁石的磁力强度与其质量成正比。"这大概是历史上第一次独立于重量而提到质量。

《论磁》共有六卷,书中的所有结论都是建立在观察与实验基础上的。著作中记录了磁石的吸引与推斥;磁针指向南北等性质;烧热的磁铁磁性消失;用铁片遮住磁石,它的磁性将减弱。他研究了磁针与球形磁体间的相互作用,发现磁针在球形磁体上的指向和磁针在地面上不同位置的指向相仿,还发现了球形磁体的极,并断定地球本身是一个大磁体,提出了"磁轴""磁子午线"等概念。总之,在磁现象的研究方面,吉尔伯特的成就是光辉的,贡献是巨大的。

可叹的是,吉尔伯特的名著《论磁》,直到19世纪末还很少为人了解,他的其他作品、先进的科学思想在英国也很少有人知道。因为他的作品都是仅用拉丁文出版的。1889年成立的吉尔伯特俱乐部,到1900年根据汤姆生的倡议,才出版了吉尔伯特名著的英译本。

除了研究磁力外,他还注意到了自然界中其他类型的吸引力。比如,人们早就知道摩擦琥珀,就能将细小物体吸起来,据说,泰勒斯就做过有关的实验,但是吉尔伯特发现,除琥珀外,还有许多物体经摩擦都有吸引力,他将这类吸引力归结为电力,他还通过实验具体测定了各种吸引力的大小,发现磁力只吸引铁,而电力则太微弱。

蓝宝石颗粒

　　他用琥珀、金刚石、蓝宝石、硫黄、明矾等做样品,作了一系列实验,发现经过摩擦,它们都可以具有吸引轻小物体的性质。他认识到这是一种物质普遍具有的现象,因此根据希腊文琥珀(ηλεκτορν)引入"电的"(electric)一词,并且把像琥珀这样经过摩擦后能吸引轻小物体的物体称做"带电体"。吉尔伯特还发明了第一只验电器。

琥珀

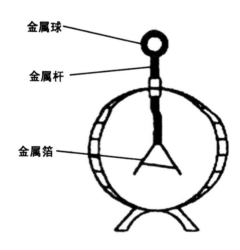

金属球

金属杆

金属箔

验电器结构图

对电子的本质，吉尔伯特也试图加以解释，他认为存在一种"电液体"，带电体吸引其他物体时，"电液"就从带电体流向被吸引的物体；他还认为，带电体被加热时电性消失的原因是"电波"蒸发了……在吉尔伯特时代，他提出的概念，说明电是地地道道的物质,这有特殊的意义。吉尔伯特的名字总是摆在静电学研究之首。

趣闻轶事

1.吉尔伯特在王宫做实验

1601 年的一天下午,吉尔伯特的实验室里,不像往常那样寂静和凄凉,一些最显贵的人物都聚集在这里。伊丽莎白女王在桌旁上座就座,宫女们和贵族随员们簇拥在她身后。与吉尔伯特站在一起的是赛斯尔勋爵,为使视察进行得顺利,他负责安排好一切。

吉尔伯特在王宫做实验

"这是磁体和琥珀。"吉尔伯特转身对女王说,"它们之所以享有盛名和光荣,是因为许多学者提过它们的名字。借助于它们,有些哲学家解释了各种秘密。好学不倦的神学家们在解释人类感情里的宗教秘密时,同样也常常依赖于磁体和琥珀。"

伊丽莎白女王是个非常笃信上帝的人,不高兴吉尔伯特过于大胆地涉及这个题目。因此,当吉尔伯特提到神学家时,她的脸色顿时发生了变化。

可是吉尔伯特并没有看到这一情景,继续说道:

"而以伽林为首的医生们,就曾用磁体来解释过泻药的作用。但是,他们并不了解磁力现象的原因和所观察到的琥珀现象有根本的区别,而把这两种现象称之为引力。他们虽然将这些现象作了比较,但他们却始终迷惑不解。这就使他们进而再犯错误。"

吉尔伯特拿起一块琥珀,接着说下去。

"琥珀在希腊语里是'埃列克特伦',经过毛皮的擦拭,它就开始吸引细小的草枝和干果皮。"

说罢,他立即将刚才所说的现象向来宾作了表演。

"我发现不仅琥珀有这种特性,许多宝石、硫黄、玻璃,甚至火漆也都具有这种特性。"

吉尔伯特拿起一根玻璃棒,将它擦了几下,于是干草枝和果皮屑都顺从地从桌子上蹦到了玻璃棒上。

来宾看到这奇异的现象,不由得鼓起掌来。显然,他们都在期待着别的奇迹！只有女王对此试验的兴趣不大，指着桌子上的手稿，要求吉尔伯特念给她听。

"德玛格耐特，玛格耐提西斯克……"吉尔伯特开始读起来，但女王打断了他的话。

"得了吧，亲爱的吉尔伯特！拉丁语并不使我感到悦耳，你最好还是用我们古老的、中听的英语给我讲讲吧。"

当吉尔伯特接下来讲述他的实验时，女王则回忆起了往事……

在议院首次会议之前，她曾颁布过指令，要求在祈祷仪式中只能讲英语以代替拉丁语。同时，她还带领臣民们用英语祈祷。她制定了新教教会的教规，而她本人则是新教的首领。

是的，正是因为这个原因，在吉尔伯特解释他的试验的时候，来宾们都兴奋异常，而女王却默不作声。

吉尔伯特结束了演讲后，躬身行礼。来宾们都纷纷准备退席。可女王伊丽莎白却在椅子上一动不动地又坐了好一会儿。

"您知道吗，亲爱的吉尔伯特！"她沉思着说道，"您这本书如果是用拉丁文来写，那反倒更好。我觉得没有必要让更多的人来了解这一切事情……"

当然，吉尔伯特通过实验驳斥了许多迷信的说法，动摇了神权的统治。女王不会赞同的。可是，由于他医学水平较高,女王也只好对他的创举默然不语。

吉尔伯特终生独身,但是他与科学却结成终身伴侣:他除了研究医学、化学和磁学以外,还研究了天文学,并置身于第一批以新的、革命的观点来宣传地球和天体运动的英国科学家之列。

2.用实验来说话

据说吉尔伯特很善于和别人争论学术问题,常常用实验来说话,把人驳得哑口无言。当时,很多科学家分不清磁作用和电作用。比如意大利科学家波尔塔(1538—1615 年)说,跟金刚石摩擦过的铁能指向北方,就像它在磁石上摩擦

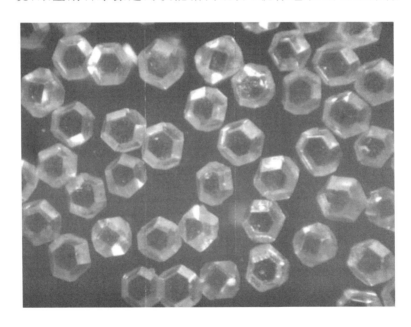

金刚石

过一样。吉尔伯特指，这是不可能的。他随即用金刚石和一些铁棒、铁丝当众做了实验，令人信服地证明，当用软木塞托住跟金刚石摩擦过的铁棒使它浮在水面上的时候，根本就不发生波尔塔所讲的效应。

名句箴言

对于有文化的人，读书是高尚的享受。我重视读书，它是我一种宝贵的习惯。

——高尔基

电与磁的联姻

"快走啊，今天是奥斯特教授的实验演示课。去晚了，就会没有座位了。"一位大学生急切地招呼他的同伴。

"现在已经晚了，肯定没有位置了。"另一个大学生插言道。说话之间，从哥本哈根大学物理实验室方向，传来了清脆的上课铃声。三人急忙跑向物理实验室。

　　当迟到的学生找到了自己的座位，实验助理员乔万尼关上教室的门。讲台后面出现了衣着整洁、表情丰富、一头银发的奥斯特教授。大学生们都十分愿意听奥斯特教授讲课，他也总是热情洋溢地把自己的知识传授给学生。讲台就是舞台。在这个舞台上进行娓娓动听、令人难忘的报告，是奥斯特教授的一种癖好。

　　"先生们！"他对学生们说道，"自然界的许多规律都是相互联系的，这就同自然现象是相互联系的一样。伟大的自然哲学家谢林告诉我们，注重自然规律之间的联系，是揭开自然界奥秘的钥匙。"

实验室里的奥斯特

奥斯特教授不愧是一个出色的演说家,他讲课的第一句话就已经引起了大学生们的兴趣。今天的课程是讲解和演示电和热现象的相互联系。精彩的实验演示将更会吸引求知欲强烈的学生。

根据教授的手势,乔万尼接通了伽伐尼电池的电流。在很细的白金导线上,通过的电流把白金导线烧得通红。接通电流的瞬间,奥斯特教授的目光迅速地瞥了一下磁针,磁针悬在靠近白金导线的一条金属线上,看来磁针已经离开刚才实验开始的位置。他看到那条金属丝被烧红,而磁针改变了位置。起初他并不认为这个现象有什么意义,他只是以为磁针的偏离是由于导线的温度影响的结果。

实验在继续,当乔万尼换上较粗的试验导线,接通电流时,他发现磁针重又离开。当乔万尼中断电流时,导线仍然是热的,磁针却又回到了原来出发的位置上。

"这是怎么回事!"奥斯特烦躁不安地陷入困惑。"很可能,这就是我早就断言过的,在电和磁现象之间必然有某种相互间的联系……"他自言自语。

讲课中的瞬间停顿对他来说可不是一件寻常的小事,大学生们正在全神贯注地注视着他呢。奥斯特极力克制住自己的感情,吩咐乔万尼不要动桌子上的任何东西。

奥斯特感到今天的课特别长下课铃声终于响了,他松了一口气。当最后一名学生刚刚离开教室,奥斯特像冲锋一样又回到教室,奔向试验仪器。他一遍又一遍地接通和切断电流,仔细观察着磁针的移动,奥斯特完全沉醉在工作之中,甚至没有觉察夜幕已经垂落,一弯新月已悄然爬上了树梢。他仍未找出问题的答案,他不禁回忆起几件往事。

1681 年的夏天,一艘航行在大西洋的商船遭到了雷击,结果造成船上的三只罗盘全部失灵(两只退磁,另外一只指针倒向),商船险些葬身鱼腹。后来,还有一次,意大利的一家五金店被闪电击中,事后发现一些钢刀被磁化了。由于当时连闪电的性质都没有搞清,这些现象谁也解释不了。

19 世纪以前,人们基本上把电和磁作为两个独立的互不相关的现象加以研究,电和磁的现象之间有什么联系呢?人们拿不出肯定的答案。奥斯特清楚地记得,他在 1812 年发表的《关于化学定律的见解》一文中,就提出了电和磁之间存在着联系的问题。但一直苦于拿不出实验证据来,为此他曾长期苦恼。奥斯特从 1807 年就开始研究电和磁的关系,至此已时历 13 年之久。

一想到这些,奥斯特喃喃自语地说:"明天,明天还要继续进行试验。"他同时计算着各种试验装置需要多少只伽伐尼电池。这一夜他几乎失眠了。

第二天,为了更好地观察电流对磁针的影响,他和乔万尼用 20 个伽伐尼电池搞成了个很大的"电流影响磁针的实验装置"。

奥斯特手里拿着一个既能自由悬挂，又易于作平面转动的磁针。磁针处在从北向南的方向上，他将导线安装在磁针下面。接通电源，磁针发生偏转向着与导线不同的一个新方向停下来。关闭电源，磁针就恢复原来的状态。

奥斯特在磁针上、下、侧面、各种不同距离与各种方向上重复做实验。功夫不负苦心人，他成功地发现了电流的磁作用，同时发现了电与磁之间的相互作用。从吉尔伯特时代起，被认为是完全不同的两种现象之间的关系，被奥斯特发现了。

为了稳妥起见，奥斯特以研究工作者正常的怀疑主义态度，试验了多种不同金属材料制成的导线，但磁针的偏转几乎完全一样。直流电对磁针的影响甚至在被金属、玻璃、木材、水、树脂、泥土、石块的隔离时也表现出来。但是，当奥斯特用玻璃、树脂和其他东西制作"磁针"时，这些针却对电流毫无反应。

1820 年，奥斯特在《磁针电抗作用实验》中，公布了自己的研究成果。这些成果推动了欧姆、安培和法拉第做出重要的发现，使物理学中出现了一个新的天地——电磁学领域。

奥斯特的发现受到当时欧洲科学界的高度重视，伦敦皇家学会和法国科学院分别授予奥斯特荣誉勋章。直到晚年，奥斯特仍然忘记不了他和高斯的友谊。那是他在欧洲大陆一次长途旅行时发生的事情。

正值隆冬，一辆四轮轿式马车夹着寒风驰往德国的哥廷根大学城。跑了整整一天的马车终于停在了一座教授住宅跟前。从门里走出一位神采奕奕的中年人，他跑上前去，一把握住奥斯特的手，说：

"您终于来了，您的发现已经扣住了人们的心弦，使我们看到了电磁学的曙光。"

奥斯特仔细地端详着这位欧洲大名鼎鼎的"数学王子"——高斯，他是那样的随和、安详。他的头脑仿佛是一座装着数学定律的仓库，需要什么只要往外拿就行了。

两个人虽初次见面，但像久别重逢的老朋友，立刻热烈的交谈起来。晚饭后，高斯和奥斯特坐在温暖的壁炉旁，畅谈着人生与科学的发展。奥

高斯

斯特谈起了丹麦的生活，谈起了他从兰格兰岛的家乡走上哥本哈根大学讲台不平凡的经历。

汉斯·克利斯提安·奥斯特,1777 年 8 月 14 日出生于丹麦鲁德克宾市。爸爸是药房主,这使奥斯特自幼就喜欢学习自然科学、哲学和医学。他 22 岁成为医学博士。然而,化学实验课成为他最热衷的功课。特别使他感兴趣的是伏打发明的电堆,这使他走上了探索电与磁关系的道路。

高斯望着与自己同龄的奥斯特,兴奋地说:"你的发现将永垂青史,人们将铭记你的功绩。"奥斯特的欧洲长途旅行,听腻了这样的过誉之辞。高斯这样的评价并没有使奥斯特兴奋。但高斯的见地却使他难以忘怀,这是他一直尊敬高斯的重要原因。

"奥斯特先生,你发现了电流对磁针的作用,这是一个划时代的功绩。但你是否想到要用数量关系来定量地表示它们,才能更深入地向前进步。"

"是的,高斯先生,这正是我不敢掉以轻心的原因。认真测量电流与磁针之间的作用,并概括出电磁作用定律,还有待进一步的工作和实验,需要很深的数学,而这是我力所不及的。未来的人们可能会解这一难题。"奥斯特直觉地意识到高斯提出问题的难度。

后来,奥斯特的发现成了近代电磁学的突破口,各国物理学纷纷转向电磁研究。高斯、戴维、安培、法拉第、麦克斯韦,还有一大批人,被吸引到电磁学领域。奥斯特成为吸引力的中心。

在电磁学的历史地位中,如果说法拉第是垦荒者,麦克斯韦是集大成者的话,那么,这些人的启蒙恩师无疑就是汉斯·奥斯特。

奥斯特一生幻想着能用科学发现造福于人类。他生前研究的大都是自然科学的基本理论。他发现的电磁相互联系,为电动机和发电机的发明奠定了基础,还揭开了人类今日片刻不能离开的电磁世界奥秘。电报、电话、雷达、电视、人造卫星,所有这一切都开始于哥本哈根大学物理实验室的那些演讲,和乔万尼接通电流引起磁针偏转的一瞬间。

图书馆使我得以持恒
地研习而增进我的知识，
每天我停留在里面一两个
钟头，用这个办法相当的
补足了我失掉的高深教育。

——富兰克林

名句箴言

电场和磁场的联盟

"孩子们，谁能背诵一下 2 的平方根是多少?"

在数学课快下课的时候，圣·列日尔牧师试探地向他的学生们提出了问题。列日尔牧师一向认为，背诵枯燥无味的数字，等于进行头脑体操，可培养学生们的良好记忆能力。因此，他十分热衷让学生们背诵那些无限不循环小数。前一节课时,他讲解除法时无意中介绍了它,并不敢奢望有谁能将它背诵下来。

课堂里一片沉默,没有一个人举手。孩子们打心里不喜欢这位牧师,不喜欢的是那背诵毫无意义的数字。过了一会儿,第六排紧靠窗子边上坐着的一个少年,腼腆地举起了手。列日尔牧师点了点头,鼓励加赞赏地说:

"很好,安德烈,你会背得很好的。"

腼腆的少年名叫安德烈·玛丽·安培,今年刚刚14岁,是全班数学成绩最优秀的学生。安培生在里昂,父亲是

安培

个小商人,一心想把他培养成一个有出息的人。安培从小就具有惊人的记忆力,尤其在数学方面有非凡的天赋,数学学得最好,13岁时就能理解有关圆锥曲线的原理。他是数学老师们心中的"王子"。

当安培朗诵完几十位的数字,周围是那样安静。整个教室里,连每个人的喘气都能听得清楚。俄顷,教室里爆发出热烈的掌声,几十双眼睛望着小安培,流露着钦佩的目光。

16 岁那年,安培怀着巨大的热情计划读完狄德罗和达兰贝尔合编的 20 卷法文版《百科全书》。虽然,这一计划不久就夭折了,但由此唤起了安培对自然科学、人文科学以及哲学的兴趣,从此,使他踏上通往科学殿堂的征程。

后来,安培随父亲回到了里昂乡下,由于家庭生活十分艰苦,他只好中途辍学了。生活困难,安培只好为私人补习数学来维持生活。另外,他则用大部分时间去钻研植物学、化学和物理学。当他 18 岁时,除了拉丁语外,还通晓意大利语和希腊语。

在艰苦的自学生涯中,他省吃俭用刻苦攻读。一次,他收到补习费后全部用来购买了数学书籍,为此挨了一周饿,只好以蔬菜充饥。他钻研数学入了迷,连房东太太都说他是"让数学勾走了魂"。

梅香出自寒冬,艰苦的自学生涯,获得了丰硕的果实。终于,他发表了一篇有关概率方面的数学论文,引起了当时法国科学界的注意。环境也因此逐渐改善了。26 岁那年,安培成了布尔日市中心学校的物理学教师,生活才有了基本保证。从此,他的科研成果像雪片一般,大量产生。这些科研成果成为他进入科学殿堂的标志。

1805 年,他定居科学文化中心巴黎。

1806 年,他在巴黎工业学校任教。

1809 年,他担任巴黎工艺学院数学教授。

1814 年,他当选为法国科学院院士。

1824 年,他踏入闻名欧洲的法国最高学府法兰西学院任实验物理教授。

1820 年是奥斯特年。奥斯特发表了用拉丁语写的《磁针电抗作用实验》的著作。他发现了磁针在电流的作用下发生偏转的现象。事实上,他发现了电与磁之间的相互作用。欧洲从 16 世纪的吉尔伯特时代起,就认为电和磁是风马牛不相及的两组现象。奥斯特居然发现了电流的磁作用。整个欧洲刮起了"奥斯特旋风"。

当安培参加奥斯特实验的科学演讲会以后,他的心被自然现象的奇妙所震撼了,竟使他放弃了已奠定的数学王国的基石,又转战物理学领域,从零开始。安培立即投入了电磁方面的研究。紧接着,安培宣布了他在这个领域中的一些发现。

首先,他发现磁针的北极在带电导线的影响下偏转方向,可借助于拇指定则的方法来加以确定。这就是至今仍在使用的右手安培定则原理。

对电流和磁铁相互作用的悉心试验和理论上的研究,

安培表

使安培发现了电流之间的相互作用,使他能够直接进行对电流间作用力的定量研究,最终建立了揭示磁场和电流之间规律的"安培定律"。

弗朗索瓦·阿腊果是安培的一位好友。他有幸目睹了这位伟大物理学家的重大发现。

一天,弗朗索瓦去安培家造访。谁知敲了几次门,都未见回音。安培在工作,他在家。阿腊果凭着傍晚的灯光和以往的经验这样断定。

"没有关系,安培一搞完试验自己就会出来的。"阿腊果思忖着。

果不出所料,面露悦色的安培拉着阿腊果的手,进入他的工作室去。"我给你看点东西。"阿腊果从安培神色异常的脸上看出,他肯定又琢磨出什么名堂了。

安培的桌子上放着由几个伏打电堆组成的电池,旁边摆着准备做各种试验用的仪器,看出来安培刚刚完成一项重大的研究。

"看呀,这是个自由悬浮磁针,当它处在水平状态的时候,是可以转动的。你瞧,磁

伏打电堆

针在由北向南的方向上停住了。现在再按同样方向在磁针上空挂个导线,不过导线上还没有通电。"

安培接通了电流,磁针开始轻轻地摆动,接着在偏向导线的位置上停住了。

"怎么样,弗朗索瓦,看到了吗?电流作用于磁针,并将它从原来的位置上移开。奥斯特就是达到了这个地步。"

安培进行另一个试验。安培拿起一个线圈。

"现在你往这看。"安培开始演示。"马上我就将这个线圈通上电。"

安培拿起一块磁石。磁石和通了电的线圈相互作用。一会儿吸引,一会儿离开,关键在于电流的方向。

阿腊果惊诧地观看着磁石如何推开线圈。

"似乎线圈同样也是磁石。"他试探地望着安培。

"很清楚,如果电流通过线圈,那么,在线圈的两端就产生了磁力线。"

随后,安培把一个铁棒插入线圈内。阿腊果把桌子上的钉子和其他金属屑都收集过来,使它们靠近线圈。当他们再通上电流,所有铁质的碎屑都被吸引到线圈铁棒两端。当切断电流时,铁钉之类的碎屑立刻掉到桌子上。当每次接通或中断电流时,都同样重复着引力产生和消失这一往复变化的奇迹。

"人造磁石!弗朗索瓦,带电的磁铁,甚至可以说——

电磁铁!"安培异常兴奋。

在现代社会中,电磁铁是应用极为广泛的电气元件,不论是什么机械或设备,都离不开电和磁的相互作用。人类认识电磁相互作用规律,就是从这里开始的。伽伐尼、奥斯特、安培等电磁学先驱,用他们的才智和辛劳点燃了火炬,照亮了人们继续探索的道路。

有些天然铁矿石在采出时就呈现永磁性,古人称它为"磁石",意为慈爱的石头,隐含了它能吸铁的特性。这名词后来逐渐演化为"磁石",俗称"吸铁石"。

《管子》一书中已有磁石和磁石引铁的记载,这应当不会晚于战国后期,即公元前4世纪到前3世纪。汉初刘安(公元前179—前122年)的《淮南子·览冥篇》中有"若以慈(磁)石之能连铁也,而取其引瓦,则难矣……"的记载。东汉王充(公元27—约97年)的《论衡·乱龙篇》中有"顿牟摄芥,磁石引针……"(顿牟即琥珀;芥指芥菜籽,统喻干草、纸等的微小屑末)的记述。这些都是以磁石引铁作为比喻,来说明哲学或科学观点的记述,因此所举的事例必是当时一般的读者所熟悉的。

欧美的有关科技文献

刘安

常把磁石吸铁的记载远溯到古希腊的泰勒斯时期,但这是根据亚里士多德的转述。根据这些记述可以认为,西方关于磁的最早记述始于公元前 500 年左右。

指南针是中国古代的四大发明之一,这在中国已是历史常识了。从磁石吸引铁的发现到指南针的发明和应用要经过一系列的观察、实验和工艺改进,这是一个相当长的历史时期。

公元 1044 年,北宋曾公亮、丁度等俰撰的《武经总要》中有应用磁石的水浮型指南针制法的叙述;沈括的《梦溪笔谈》也记述了用丝悬起的或硬滑支点(如碗的边缘)平衡着的铁针做的实验,并说明铁针所指不是正南而微偏东;略晚于沈括的所著的《萍洲可谈》(约于公元 1119 年问世)则已提到广州海船在阴晦天气用指南针航海。

在欧洲,公元 1190 年以前没有一点关于磁石能指方向的史料,而在这一年航行于地中海的船上却确实有了指南针,很可能是由那个时期进行中国和阿拉伯间贸易的海船传去的。英国科学家吉余伯认为它是由马可·波罗(1254—1324 年)或其同时代人带回的,

马可·波罗

这样反而把这事推后了一个世纪。

法国物理学家库仑于 1785 年确立了静电荷间相互作用力的规律——库仑定律之后，又对磁极进行了类似的实验而证明：同样的定律也适用于磁极之间的相互作用。

丹麦物理学家奥斯特在 1820 年发现，一条通过电流的导线会使其

库仑

近处静悬着的磁针偏转，显示出电流在其周围的空间产生了磁场，这是证明电和磁现象密切结合的第一个实验结果。紧接着，法国物理学家安培等的实验和理论分析，阐明了载着电流的线圈所产生的磁场，以及电流线圈间相互作用着的磁力。

奥斯特发现电流的磁场后不久，有些物理学家就想到是否有些物质（如铁）所表现的宏观磁性也来源于电流。那时还未发现电子，但关于物质构造的原子论已有不小的发展。安培首先提出，铁之所以显现强磁性是因为组成铁

块的分子内存在着永恒的电流环,这种电流没有像导体中电流所受到的那种阻力,并且电流环可因外来磁场的作用而自由地改变方向。这种电流在后来的文献中被称为"安培电流"或分子电流。

继安培之后,韦伯对物质磁性的理论又作了不少发展。虽然这些理论离现代理论尚远,但在今天对磁性物质的本质作初步描述时,仍基本上根据安培的概念。

除了古时已知道的磁铁矿和铁外,人们在两千多年中还没有发现其他具有强磁性的物质。发现钴(1733年)和镍(1754年)后不久就知道它们也像铁那样具有强磁性。至于一般的物质

韦伯

在较强磁场作用下能否多少表现一点磁性,则直到法拉第在老年时期才有系统的观察。英国工程师斯特金于1824年创制了电磁体,故那时实验室可有较强的磁场设备,但法拉第在需要高度稳定的磁场时仍用了大的永磁体。

法拉第测量了样品在不均匀磁场中被磁化时所受到

的力，这个方法后来有了不少改进，至今仍广泛用于观测弱磁物质的磁化率，也用于观测铁等强磁物质的饱和磁化强度。

法拉第发现，一般的物质在较强磁场作用下都显示一定程度的磁性，只是除了极少数像铁那样的强磁性物质外，一般物质的磁化率的绝对值都是很小的。它们又可分为两类：一类物质的磁化率是负

晚年时期的法拉第

的，称之为抗磁性物质。这些物质在磁场中获得的磁矩方向与磁场方向相反，故在不均匀磁场中被推向磁场减弱的方向，即被磁场排斥；另一类物质的磁化率是正的，在不均匀磁场中被推向磁场增强的方向，即被磁场吸引，法拉第称它们为顺磁性物质。像铁那样强的磁性显然是特殊的，应另属一类，后来称为铁磁性。这样，在法拉第以后的近百年中，物质的磁性分三大类。

1895 年，法国物理学家居里发表了他对三类物质的磁性的大量实验结果，他认为：抗磁体的磁化率不依赖于

81

磁场强度且一般不依赖于温度；顺磁体的磁化率不依赖于磁场强度而与绝对温度成反比（这被称为居里定律）；铁在某一温度（后被称为居里点）以上失去其强磁性。

20世纪30年代初，法国物理学家奈耳从理论上预言了反铁磁性，并在若干化合物的宏观磁性方面获得了实验证据。1948年他又对若干铁和其他金属的混合氧化物的磁性与铁磁性的区别作了详细的阐释，并称这类磁性为亚铁磁性。于是就有了五大类磁性。最近十多年来又有些学者提出了几种磁性的新名称，但这些都属于铁磁性的分支。

法国物理学家朗之万于1905年提出了抗磁性和顺磁性的经典理论，但十多年后范列文证明，朗之万理论中的某些假设不合于经典统计力学原理，及至原子结构的量子论模型兴起后，朗氏的假设又成为可允许的。今天对这两种磁化率的粗浅理论公式已经过量子力学的改正，但还保留着朗之万理论的基本形式。

朗之万

磁 感 应

名句箴言

和书籍生活在一起，永远不会叹气。

——罗曼·罗兰

电生磁

如果一条直的金属导线通过电流，那么在导线周围的空间将产生圆形磁场。导线中流过的电流越大，产生的磁场越强。磁场成圆形，围绕导线周围。磁场的方向可以根据"右手定则"来确定：将右手拇指伸出，其余四指并拢弯向掌心。这时，拇指的方向为电流方向，而其余四指的方向是磁场的方向。实际上，这种直导线产生的磁场类似于在导线周围放置了一圈NS极首尾相接的小磁铁的效果。

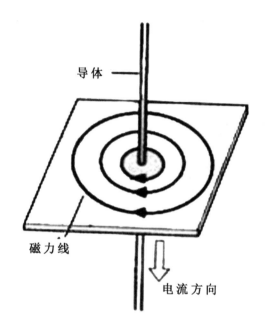

导体

磁力线

电流方向

右手安培定则

如果将一条长长的金属导线在一个空心筒上沿一个方向缠绕起来，形成的物体我们称为螺线管。如果使这个螺线管通电，那么会怎样？通电以后，螺线管的每一匝都会产生磁场，磁场的方向如"螺旋管电磁场图"中的圆形箭头所示。那么，在相邻的两匝之间的位置，由于磁场方向相反，总的磁场相抵消；而在螺线管内部和外部，每一匝线圈产生的磁场互相叠加起来，最终形成了图所示的磁场形状。也可以看出，在螺线管外部的磁场形状和一块磁铁产生的磁场形状是相同的。而螺线管内部的磁场刚好与外部的磁场组成闭合的磁力线。螺线管表示成了上下两排圆,好像是把螺线管从中间切开来。上面的一排中有叉,表示电流从荧光屏里面流出;下面的一排中有一个黑点,表示电流从外面向荧光屏内部流进。

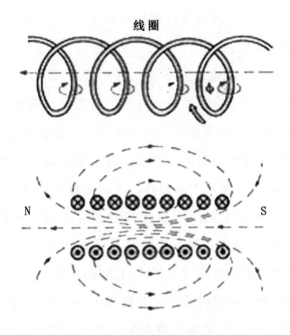

线圈

螺旋管电磁场

电生磁的一个应用实例是实验室常用的电磁铁。为了进行某些科学实验,经常用到较强的恒定磁场,但只有普通的螺线管是不够的。为此,除了尽可能多地绕制线圈以外,还采用两个相对的螺线管靠近放置,使得它们的 N、S 极相对,这样两个线包直接就产生了一个较强的磁场。另外,还在线包中间放置纯铁（称为磁轭），以聚集磁力线，增强线包中间的磁场。

对于一个很长的螺线管，其内部的磁场大小用下面的公式计算：

$$H=nI$$

在这个公式中，I 是流过螺线管的电流，n 是单位长度内的螺线管圈数。

如果有两条通电的直导线相互靠近，会发生什么现象？我们首先假设两条导线的通电电流方向相反。那么，根据上面的说明，两条导线周围都产生圆形磁场，而且磁场的走向相反。在两条导线之间的位置会是说明情况呢？不难想象，在两条导线之间，磁场方向相同。这就好像在两条导线中间放置了两块磁铁，它们的 N 极和 N 极相对，S 极和 S 极相对。由于同性相斥，这两条导线会产生排斥的力量。类似的，如果两条导线通过的电流方向相同，它们会互相吸引。

如果一条通电导线处于一个磁场中，由于导线也产生磁场，那么导线产生的磁场和原有磁场就会发生相互作用，使得导线受力。这就是电动机和喇叭的基本原理。

光阴给我们经验，读书给我们知识。

——奥斯特洛夫斯基

名句箴言

磁生电

如果把一个螺线管两端接上检测电流的检流计，在螺线管内部放置一根磁铁。当把磁铁很快地抽出螺线管时，可以看到检流计指针发生了偏转，而且磁铁抽出的速度越快，检流计指针偏转的程度越大。同样，如果把磁铁插入螺线管，检流计也会偏转，但是偏转方向和抽出时相反。

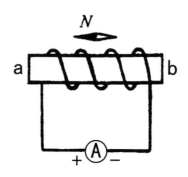

螺线管示意图

为什么会发生这种现象呢？我们已经知道,磁铁会向周围的空间发出磁力线。如果把磁铁放在螺线管中,那么磁力线就会穿过螺线管。这时,如果把磁铁抽出,磁铁远离了螺线管,将造成穿过螺线管的磁力线数目减少(或者说线圈内部的磁通量减少)。正是这种穿过螺线管的磁力线数目(也就是磁通量)的变化使得螺线管中产生了感生电动势。如果线圈闭合,就产生电流,称为感生电流。如果磁铁是插入螺线管内部,这时穿过螺线管的磁力线增多,产生的感生电流和磁铁抽出时相反。

那么,如何决定线圈中感生电动势的大小和方向呢?从上面的实验我们知道,磁铁抽出的快慢决定检流计指针的偏转程度,这实际上是说,线圈中的感生电动势的大小与线圈内部磁通量的变化率成正比。这称为法拉第定律。

通过实验我们可以证实,如果磁铁抽出,导致线圈中的磁通量减少,那么在线圈中产生的感生电流的方向是它所产生的磁通量能够补偿由于磁铁抽出引起的磁通量降低,也就是说,感生电流所产生的磁通量总是阻碍线圈中磁通量的变化。这称为楞次定律。如果磁铁从线圈中向上抽出,将使得线圈中的磁通量减少,这时如果线圈是闭合的,线圈中产生感生电流,该感生电流的方向是:它产生的磁力线的方向也指向下方,以补偿由于磁铁抽出导致的磁通量减少。

变化的磁场可以在线圈中感应出电流,这就是发电机和麦克风的基本原理。

一本新书像一艘船，带领我们从狭隘的地方，驰向无限广阔的生活的海洋。

——凯勒

名句箴言

涡流

在一根导体外面绕上线圈，并把线圈通交流电，那么线圈就产生交变磁场。由于线圈中间的导体在圆周方向是可以等效成一圈圈的闭合回路，所以在导体的圆周方向会产生感生电流，电流的方向沿导体的圆周方向转圈，就像一圈圈的漩涡，所以这种情况下产生的感生电流被称为涡流。导体的外周长越长,交变磁场的频率越高,涡流就越大。

涡流有时非常有害,变压器的铁芯在工作时会产生涡流,增加能耗,并导致变压器发热。为了减少发热,降低能耗,提高变压器效率,一般不用整块材料作铁芯,而是把铁芯材料首先轧制成很薄的板材,板材外面涂上绝缘材料,再把板材叠放在一起,形成铁芯。这样,变压器在工作时,铁芯中的每一片材料的回路都很小,涡流就降低了。

变压器的铁芯

但有时我们又要利用涡流。既然导体中有电流可以发热,我们就能够利用足够大的电力在导体中产生很大的涡流,使金属受热甚至熔化。根据这个道理,人们制造出了感应炉,用来冶炼金属。为了增大涡流,采用高频大功率的交流电。在感应炉中,有产生高频电流的电源,有产生交变磁场的线圈,线圈中间放置一个耐火材料制造的坩埚,用来放有待熔化的金属。

磁感应也叫磁感应强度,磁感应强度又称磁通密度,表示单位体积/面积里的磁通量,是用于描述磁场的能量的强度的物理量,是一个矢量,符号是B,单位是特(斯拉)(T)。

磁场强度和磁感应强度均为表征磁场性质(即磁场强弱和方向)的两个物理量。由于磁场是电流或者说运动电荷引起的,而磁介质(除超导体以外不存在磁绝缘的概念,故一切物质均为磁介质)在磁场中发生的磁化对源磁场也有影响(场的叠加原理)。因此,磁场的强弱可以有两种表示方法:

在充满均匀磁介质的情况下,若包括介质因磁化而产生的磁场在内时,用磁感应强度 B 表示,其单位为特斯拉 T,是一个基本物理量;单独由电流或者运动电荷所引起的磁场(不包括介质磁化而产生的磁场时)则用磁场强度 H 表示,其单位为 A/m^2,是一个辅助物理量。

具体的,B 决定了运动电荷所受到的洛伦兹力,因而,B 的概念较 H 更形象一些。在工程中,B 也被称作磁通密度(单位 Wb/m^2)。在各向同性的磁介质中,B 与 H 的比值即介质的绝对磁导率 μ。

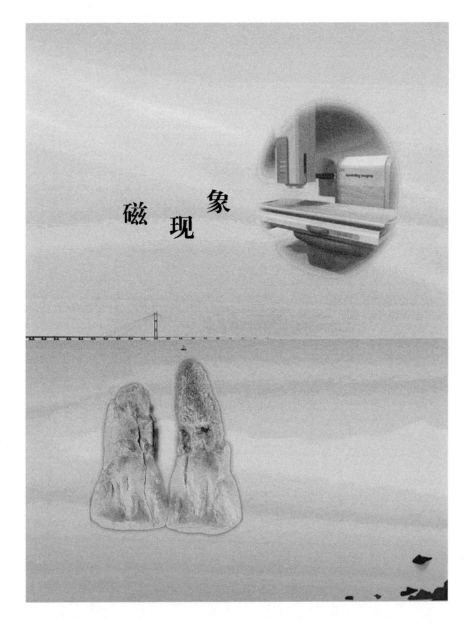

磁现象

学不可以已。青，取之于蓝，而青于蓝；冰，水为之，而寒于水。

——荀子

名句箴言

生物磁现象

核磁共振层析成像

一般在做体格检查时常要做心电图的检查，在身体上几处贴上电极片，然后用心电检测仪测绘出心电图，再根据心电图来诊断心脏活动是否正常，是否有什么疾病，这是因为人的心脏活动会产生心脏电流,而心脏活动的正常与否便会反映在心脏电流随时间的变化上。这种心脏电流变化称为心电图。但心电图会受电极片接触情况的影响,而且心电图不能反映心电流的直流分量,电极片更不能离开人体。但我们知道,电流会产生磁场,因此心脏电流会产生心脏磁场,原理上同心电图一样也会有心磁图,但是同心电图相比较,要测量心磁图却很困难,可是从心磁图获得的心脏信息却更多和更有其优点。

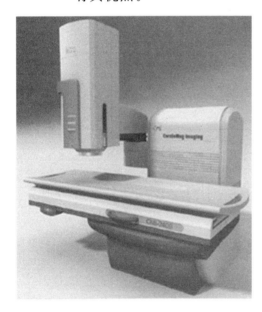

心磁图系统

磁在生物学和医学方面的一项重要应用是原子核磁共振成像,简称核磁共振成像,又称核磁共振 CT(CT 是计算机化层析术的英文缩写)。这是利用核磁共振的方法和电子计算机的处理技术等来得到人体、生物体和物体内部一定剖面的一种原子核素,也即这种核素的化学元素的浓度分布图像。目前应用的是氢元素的原子核核磁共振层析成像。这种层析成像比目前应用的 X 射线层析成像(又称 X 射线 CT)具有更多的优点。例如,X 射线层析成像得到的是成像物的密度分布图像,而核磁共振层析成像却是成像物的原子核密度的分布图像。目前虽然还仅限于氢原子核的密度分布图像,但氢元素是构成人体和生物体的主要化学元素。因此,从核磁共振层析成像得到的氢元素分布图像,要比从 X 射线密度分布图像得到人体和生物体内的更多信息。例如,人体头部外层头骨的密度高,而内层脑组织的密度较低,因此从人头部的 X 射线层析成像难于得到人脑组织的清晰图像,但是从人头部的核磁共振层析成像却可以得到头内脑组织的氢原子核即氢元素分布的清晰图像,从而可以看出脑组织是否正常。又例如,对于初期肿瘤患者,其组织同正常组织尚无明显差异时,从 X 射线层析成像尚看不出异常,但从核磁共振层析成像就可看出其异常了。

心磁图和脑磁图

我们在体格检查或因心脏、脑部疾病去医院就医时,常常需要做心电图或脑电图的检查,由此了解心脏或脑部的生理和病理情况。但是我们知道电的活动(电流)会产生磁场,因此在心电流产生心电图和脑电流产生的脑电图时,也应该有心磁场产生的心磁图和脑磁场产生的脑磁图。那么为什么目前医院里还没有应用心磁图和脑磁图呢?这是因为心脏产生的心磁场和脑部产生的脑磁场都太微弱,不但需要特别的高度灵敏的测量心、脑磁场的磁强计,例如应用在很低温度下才能使用的超导量子干涉仪(SQUID)式磁强计,而且由于微弱的心脏磁场只有地球磁场的大约百万分之一(10^{-6}),更微弱的脑部磁场只有地球磁场的大约亿分之一(10^{-8}),因此在测量心脏磁场和脑部磁场时还必须排除地球磁场的干扰,这就需要在能把地球磁场显著减小的磁屏蔽室中进行心、脑磁场的测量,或者利用超导量子干涉仪式磁场梯度计在没有磁屏蔽室时进行心、脑磁场的测量。这是因为磁场梯度计只测量不均匀的磁场,而对均匀的磁场无反应。而在小的区域中的地球磁场是均匀的,但人的心、脑磁场却是随距离心、脑远近的不同而不同的非均匀磁场,故可以用高灵敏度的超导量子干涉仪式磁场梯度计而不需用磁屏蔽室便可以测量人的心、脑磁场。可以看出,心、脑磁场的测量要比心、脑电场的测量复杂和困难得多,因而在应用上受到许多限制。目前国外和我国虽然都研制出超导量子干涉式磁强计,大的磁屏蔽室和超导量子干涉式磁场梯度计,但都还没有实际和大量应用到心、脑磁场和心、脑磁图的测量上。

但是,从另一方面看,同心、脑电图相比较,心、脑磁图在医学应用上却有许多特点和优点。例如,心电图只能测量交变的电流信号,不能测量直流(恒定)的电流信号,因而不能应用于只产生直流异常电信号的生理病理探测,而心、脑磁图却能同时测量交变和直流(恒定)的磁场信号。又例如,心、脑电图的测量都需要使用同人体接触的电极片,而电极片的干湿程度及同人体接触的松紧程度都会影响测量的结果,同时因使用电极片,不能离开人体,故只能是二维空间的测量,但是心、脑磁图却是使用可不与人体接触的测量线圈(磁探头),既没有接触的影响,又可以离开人体进行三维空间的测量,可得到比二维空间测量更多的信息。再例如,实验研究结果表明,心、脑磁图比心、脑电图具有更高的分辨率。还有除了心、脑磁图外,到目前已经测量研究了人体的眼磁图、肌(肉)磁图、肺磁图和腹磁图等,取得了人体多方面的磁信息。

鸽子回家和海龟回游

许多人都知道,家里养的鸽子可以从离家几十、几百甚至上千公里的地方飞回家里;燕子等候鸟每年都在春秋两季分别从南方飞回北京,又从北方飞到南方;一些海龟从栖息的海湾

鸽子

游出几百几千公里后又能回到原来的栖息处。它们是如何辨别方向的？尤其是在茫茫的海洋上。难道它们也像人类航海时一样使用指南针吗？大量的和长期的观察研究表明，这些生物从原居处远行后再回到原居处，的确是与地球磁场有关的，或者可能有关的。我们来看看一些观察研究的情况。

海龟

先是关于鸽子的观察研究。曾将两组鸽子分别绑上强磁性的永磁铁块和弱磁性的铜块，在远离鸽巢放飞后，绑有铜块的鸽子全部都飞回鸽巢，但大部分绑有永磁铁的鸽子却迷失方向而未返回鸽巢。这表明永磁铁的磁场干扰，使鸽子不能识别地球磁场。又曾将一组鸽子放置在鸽巢和与鸽巢的地球磁场相同的地磁共轭点（距鸽巢数千公里）之间的中点处，放飞后这些鸽子大约有一半飞回原来的鸽巢，其余的鸽子却飞到鸽巢的地球磁场共轭点处了。这表明鸽子是依靠地球磁场来识别鸽巢的。还有一些观察显示，鸽子在无线电台等强电磁场附近常会迷失方向。这表明强的电磁场会干扰鸽子识别地球磁场。是什么使鸽子能识别地球磁场呢？进一步观察研究发现鸽子头部含有少量的强磁性物质四氧化三铁（Fe_3O_4）。我国古代的司南指南器就是利用天然磁铁矿石制造的，其主要成分也是 Fe_3O_4。但是鸽子是否是利用其头部的 Fe_3O_4 导航（识别地球磁场方向）？又是如何利用 Fe_3O_4 导航的？这些都是需要进一步研究的问题。

　　幼海龟在大西洋中沿着顺时针路线出游，经过若干年后又能回到出生地产卵。这些海龟是依靠什么导航呢？有的观察研究者认为同地球磁场有关，并进行了这样的实验研究。在装有海水并加上人造磁场的大容器中，观测到磁场的确影响海龟的航行。当人造磁场反向时，海龟的游动也反向。这表明磁场是影响海龟的航行的。但是磁场影响海龟航行的程度和机制等都是需要进一步研究的。

君子之学，死而后已。

——顾炎武

名句箴言

地球磁现象

地球磁场的起源

关于地球磁场的来源，早期历史上曾有来自北极星的传说，但是到公元17世纪初就已经认识到地球本身就是一个巨大的磁体，不过当时仍不清楚地球磁场是怎样产生的。随着科学的发展,对于地球磁场观测和地球结构的研究不断增多和深入,对地球磁场的来源先后提出了 10 多种学说。这里按照历史的先后对一些各有一定根据或设想的地球磁场来源学说作简单介绍:

(1)永磁体学说,是最早提出的一种学说,认为地球内部存在巨大的永磁体,由这永磁体产生地球磁场,但后来认识到地球内部温度很高,不可能存在永磁体;

(2)内部电流学说,认为地球内部存在巨大的电流,形成巨大电磁体产生地球磁场,但是既未观测到这种巨大电流,而且巨大电流也会很快衰减,不会长期存在;

(3)电荷旋转学说(1900 年),认为地球表面和内部分别分布着符号相反、数量相等的电荷,由地球自转而形成闭合电流,由此电流产生磁场,但这学说缺乏理论和实验基础;

(4)压电效应学说(1929 年),认为在地球内部物质在超高压力下使物质中的电荷分离,电子在这样的电场中运动而产生电流和磁场。但理论计算出这样的磁场仅有地磁场的约千分之一(10^{-3});

(5)旋磁效应学说(1933 年),认为地球内的强磁物质旋转可以产生地球磁场,但这种旋磁效应产生的磁场只有地球磁场的大约千亿分之一(10^{-11});

(6)温差电效应学说(1939 年),认为地球内部的放射性物质产生的热量,使熔融物质发生连续的不均匀对流,这样

产生温差电动势和电流,由此电流产生地球磁场,但理论估计也同地球磁场不符合;

(7)发电机学说(1946—1947年),认为是地球内部的导电液体在流动时产生稳恒的电流,由这电流产生地球磁场;

(8)旋转体效应学说(1947年),是根据少数天体观测得到的经验规律,认为具有角动量的旋转物体都会产生磁矩,因而产生磁场。这一学说需要使用一无科学根据的常数,5年后又被提出这一学说的科学家根据精密的实验结果加以否定了;

(9)磁力线扭结学说(1950年),认为在地球磁场磁力线的张力特性和地核的较差自转,会使原始微弱的地球磁场放大,由此产生地球磁场;

(10)霍尔效应学说(1954年),认为在地球内部由于温度不均匀产生的温差电流和原始微弱磁场的同时使用下,会由霍尔效应产生霍尔电动势和霍尔电流,由此产生地球磁场;

(11)电磁感应学说(1956年),认为由太阳的强烈磁活动通过带电粒子的太阳风到达地球后,会通过地球内部的电磁感应和整流作用产生地球内部的电流,由此产生地球磁场。在这些学说中,只有发电机学说(又称磁流体发电机学说)在观测、实验和理论研究上得到较多的证认,是目前研究和应用较多的地球磁场学说。但是由于地球内部结构较复杂,影响地球磁场的因素有很多,因此这方面的观测、实验和理论等方面的研究仍需要不断地进行。

关于地球磁场反向的学说,也有近 10 种,主要有非偶极型磁场变化学说(1964 年),无规磁场起伏学说(1968 年),地核流体对流对称性变化学说(1969 年),地核流体对流区分布变化学说(1969 年),地核三偶极型磁场学说(1969 年),偶极型磁场变化学说(1971 年),双偶极型磁场学说(1975 年),银河星系旋臂干扰学说(1974 年),地外天体撞击学说(1987 年)等。前七种地球磁场反向学说来自地球内部,可称为内源说;后两种地球磁场反向学说来自地球以外天体的干扰或撞击,可称为外源说。

从以上的介绍可以看出,不论是地球磁场及相关磁现象的研究和应用,还是地球磁场和地球磁场反向的来源的学说,内容都是很丰富的,有的方面在科学意义上或是在应用价值上还是十分重要的。

地球磁场的变化和应用

长期的和世界范围的地球磁场的观测和研究表明,地球磁场是随时间和空间而变化的。因此许多地方都设立了不断观测和记录地球磁场变化的地磁观测台或地磁观测站。我国便在各大行政区和一些重要省市建立有地磁观测台(站)。地磁场的这些变化不但提供了许多有关地球结构和活动的信息,而且还有许多重要的应用。例如,磁法探矿已成为地球物理探矿中一种重要的和常用的方法。它同其他的地球物理探矿法如重力法和电学法等各具有其特点。磁法探矿不仅可应用于铁矿的勘探,而且还应用于与铁矿相伴生的其他矿物的勘探。前者称为磁法直接探矿,如磁铁矿、磁赤铁矿、钒钛磁铁矿和金铜磁铁矿等的勘探,后者称为磁法间接探矿,如含镍、铬、钴等的金属矿床,金刚石、硼、石棉等非金属矿床以及石油矿等的普查和勘探。

地球磁场和相关地磁现象的观测研究的应用是很多的。除磁法探矿外,还有如指南针的磁定向和磁导航;由地磁场的突变(磁暴)预报太阳活动和空间天气预报;地磁扰动和磁暴会对无线电通信和气候产生影响;地球磁场的异常变化与地震和火山活动有关,因而可能作为预报地震和火山的一种因素;地磁场观测结合其他地球物理观测可进行地质调查等。

地球磁场的反向

现代科学研究表明,地球磁场是随着地球的形成和演化而形成和演化的。但是,怎样知道地球磁场在地球演化过程中是如何变化的？这些变化又可以得到什么地球演化的信息呢？

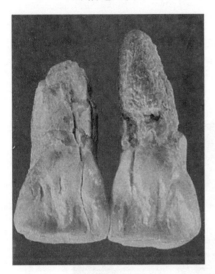

元谋人牙齿化石

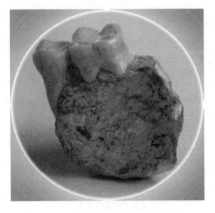

早更新世"巫山人"
左侧下颌骨化石

关于在几十亿年的地球演化过程中的地球磁场变化情况是得自各个地质时期的大陆岩石和海洋岩石的磁性的观测研究。经过长期对地球上各个大陆和各个海洋的不同地质时期的强磁性岩石磁性的观测研究，即对岩石形成时的磁性保留到现在观测时的剩余磁性的观测研究，主要表明这些古岩石的剩余磁性的方向，即形成岩石时受到地球磁场磁化时的地球磁场方向，有的同现在的地球磁场方向相同（称为正向），有的同现在的地球磁场方向相反（称为反向）。在地球长期演化过程中，由地球磁场方向变化产生的不同地质时期形成的古岩石磁性方向（极性）的变化，另外，还可以根据古岩的剩余磁性以及古陶瓷等文物的剩余磁性等来确定古人类和古文物的年代，称为考古磁学。我国曾利用古地磁断代方法测定北京人、云南元谋人和四川巫山人的年代,结果同其他科学考古断代方法测定的年代是一致的。

地球磁场与极光

地球的极光现象是发生在地球北极和南极区域及其附近高空的美丽发光现象,其色彩鲜艳,形状多种多样,人类在几千年前就观察

地球的极光

和记载了这一发光现象,称为北极光。但是在很长时期中都不知道发生极光的原因,更不知道极光与地球磁场的关系。直到近代科学的发展,才弄清楚极光的产生时间、表现形态和变化情况都同地球磁场密切相关。

极光的形成主要是由于太阳的带电微粒发射到地球磁场的势力范围,受到地球磁场的影响,从高纬度进入地球的高空大气,激发了高层空气质粒而造成的发光现象。地球是一块巨大的磁石,而它的磁极在南北两极附近。我们知

道,指南针总是指着南北方向,就是因为受了地磁场的影响。从太阳射来的带电微粒流,也要受到地磁场的影响,而且使带电微粒流聚集在磁极附近。所以极光大多在南北两极附近的上空出现。在南极发生的叫南极光,在北极发生的叫北极光。

玉不琢，不成器，人不学，不知道。

——孔子

名句箴言

宇宙磁现象

太阳磁场与太阳黑子

太阳黑子是在太阳表面出现的很小的较暗的区域。观测表明黑子出现的数目、大小和位置都是随时间变化的。进一步研究表明，太阳黑子是一种太阳磁场引起的局部区域温度降低、发

太阳黑子

光减弱的现象。太阳黑子也是很早就有了观察记载,但直到近代通过观测和研究才认识到太阳黑子的出现和变化是同太阳的磁场活动密切相关的。太阳的黑子活动不但同太阳的结构和活动等密切相关,而且对于我们地球也有影响。所以太阳黑子的观察研究受到重视。下图是我国北京天文台建造的太阳磁场望远镜,其建造规模和观测研究都居于世界前列。

太阳磁场望远镜

"阿波罗"飞船测月磁

　　20世纪60年代的"阿波罗"飞船载人飞上月球以前,人类对于地球以外的天体的观测都是依靠人眼或望远镜。直到"阿波罗"飞船载人飞上月球,人类才开始了对地外天体的直接观测和研究。在航天人员对月球的许多直接观察、测量和研究中,关于月球的磁场和月岩磁性的观察、测量和研究也是一项重要的工作,并且取得了很有意义的结果。宇航员便利用这套磁场测量设备测量了月球表面和月球上空的月球磁场的3个分量,宇航员还将采取的月球岩石(简称月岩)带回地球,并通过测量月岩的磁性,可以推断出月岩形成时的月球磁场,正像由地球的古岩石的磁性推断出地质时期的地球磁场一样。我国也曾得到少量的赠送的月岩样品,并对其进行了一定的测量和研究。

　　从多次登月对月球磁场和月岩磁性的测量和研究中得到了关于月球结构和演化等的一些重要信息。例如,月球磁场强

"阿波罗"11号宇宙飞船

度仅为地球磁场的大约 1%，远低于地球磁场，而且磁场强度分布很不均匀，也不像地球磁场来自地球的磁北极和磁南极；又例如，月岩中的强磁性物质主要是铁和铁合金，不像地球岩石中的强磁性物质主要是铁的氧化物或铁的其他化合物，表明月球上长期缺乏氧气等气氛。再经过进一步的科学研究和分析，可以从月岩剩余磁性推论古代月球磁场远强于现在的月球磁场，而同现在的地球磁场相近；又可以从现在月球的变化磁场推论它是由太阳发射的带电粒子流即太阳风在月球内部因电磁感应作用所产生的，因而可推算月球内部岩石的电导率及其分布情况，再结合对月岩的其他科学研究，又可以进一步科学推论月球内部为固态物质，不像地球内部有液态物质。再从这些观测分析和研

"阿波罗" 11 号的登月舱

究,使得关于月球磁场来源的模型和学说多达 20 多种。特别值得注意的是,由月球磁场的观测研究可以推断月球的内部结构和物态,这在现代天文学和宇宙学的观测研究上是十分少见的。

磁场与空间气象学

现代人类已进入空间时代,空间环境对人和生物等的影响已受到特别的关注,其中的空间气候如太阳风等便同太阳磁场和太阳系磁场有关密切的关系。前面已经讲到,太阳风是由太阳上的能量高的带电粒子如电子、质子等从太阳表面喷射到太阳外的太阳系空间甚至更远的空间。由于太阳风中粒子带有电荷,因此也将太阳磁场带入太阳系空间甚至更远的空间,形成太阳系行星空间的行星际磁场。

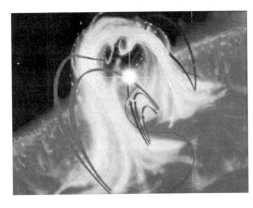

太阳风动画图

因为太阳风含有高能量带电粒子,这对于行星际中的空间飞行器,特别是对飞行器的人和生物等是有伤害的。因此对剧烈的太阳风的预报和预防是特别需要的。

如何预报剧烈的太阳风?因为太阳风是从太阳发射出

来的带太阳磁场的高能量带电粒子,是太阳的磁活动,如太阳黑子和太阳耀斑等产生的。这就需要预报太阳的剧烈磁活动。太阳黑子和太阳耀斑是可以从太阳光观测出来的。光的传播速度是远高于高能带电粒子的运动速度的,因此只要观测到太阳黑子和太阳耀斑等剧烈活动的光信号,便可以预测和预报剧烈太阳风的时间。这样就可以对行星际空间将要发生的剧烈太阳风进行预测和预报了。当然这就需要更多和更深入地研究各种太阳磁活动,特别是剧烈太阳磁活动的产生机制和各种影响因素。

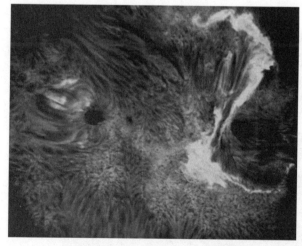

太阳耀斑

在太阳系行星系统中,许多行星的磁场都低于地球的磁场,但是太阳系中最大的行星木星的表面磁场却约为地球磁场的10倍。这是什么原因?进一步深入研究认识到,木星主要是由氢构成的,木星表面为氢气,木星内部压力增大,氢气转变为液态氢,再深入木星内部,压力更增大,液态氢又转变为固态氢。更深入木星内部后固态氢密度更增大，又从绝缘状态的氢转变为金属状态的氢。从物理学理论研究可知，金属氢还可能在一定条件下转变为超导体。如果木星内部存在电阻为零的超导氢，就会存在巨大的电流，并由此产生高的磁场。这样就可以说明木星为什么有较高的磁场。物理学理论研究还指出，金属氢还可能是一种高温高能燃料。这样就促进了关于金属氢的探索性研究。目前虽然在地球上还未研究出金属氢来，但是对木星磁场的测量和研究，以及由此引出的关于金属氢的推测却是引人注意的。

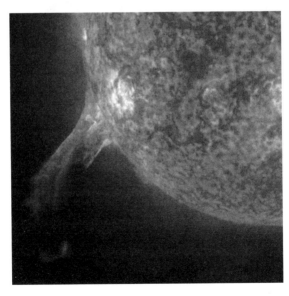

太阳风

基本粒子磁现象

电子磁矩

电子是发现较早的一种基本粒子，存在于原子核外。各种化学元素便是根据该元素原子的原子核中的质子数目，也就是该元素原子在非电离的正常状态下的原子核外的电子数目决定的。

原子中的电子磁性有由电子的自旋产生的自旋磁矩和电子环绕原子核作轨道运动产生的轨道磁矩。对于不处于原子中的自由电子说来，就只有自旋磁矩，是电子具有的内禀磁性，常简称电子磁矩。一般电子学只考虑运动电子的电荷所产生的电流，但是在 20 世纪末，由于现代磁学和高新技术的发展，诞生了磁学与电子学交叉的称为磁电子学、又称自旋电子学的新的交叉磁学或称边缘磁学。这样在磁电子学中电子电流和电子磁矩（自旋）都得到研究和应用。

电子磁矩研究的一项很重要又很有意义的成果是对电子磁矩的精密测量和理论计算。这表现在 20 世纪中期的 30 年研究中，对应用于电子磁矩与电子角动量关系的电子 g 因数的反常因数（简称 g 反常因数）α 的精密测量和理论计算上。按早期的理论研究，g 因素 g＝2，即 g 反常因数 α＝0，但是在长期的越来越精密的实验研究中却表明，α 并不等于 0，在 1948—1978 年的 30 年实验研究中，α 的实验测量值从 3 位有效数字增加到 10 位有效数字。同时更值得注意的是，对 g 反常因数 α 的理论计算，在考虑了多种对电子磁矩的影响因素后，得到的理论计算值也达到 10 位有效数字和很高的精度（很低的不确定度）。还值得注意的是，g 反常因数 α 的实验测量值和理论计算值在 10 位有效数字中竟有 8 位有效数字相同。总的说来，关于电子（自旋）磁矩的实验测量和理论计算达到这样高的有效位数,而实验测量值与理论计算值达到这样高的符合程度,在磁学和其他自然科学中都是罕见的。

中子的磁性

在基本粒子的磁现象中,又一个受到关注的问题是,为什么中子没有电荷却有磁性?而且其磁性还得到重要的应用。在一般情况下,磁现象与电现象总是同时存在,而且互相影响。例如,电荷运动形成的电流总要相伴地产生磁场,而磁场变化时又会由电磁感应产生电动势。

中子的磁性是怎样来的?从现代基本粒子结构的研究知道,中子并不是不可分的基本粒子,而是由 3 个更基本的夸克粒子(简成夸克)组成的。现在通过许多的实验和理论研究已经知道,共有 6 种夸克,称为上夸克、下夸克、奇异夸克、粲夸克、顶夸克和底夸克。夸克又称层子,表示物质是由许多层次的基本粒子构成的,层子是其中一个层次的基本粒子。每种粒子又都有其电荷和磁矩。中子是由 1 个上夸克和 2 个下夸克组成的,而每种夸克各有其电荷和磁矩,这样使中子的总和电荷为零,而总合磁矩却不为零,因为中子是一种具有强相互作用的强子,同由强子、质子和中子构成的原子核有强相互作用,因而可利用来测量晶态物质的原子(含原子核)的分布状态的晶体结构,称为中子衍射晶体结构分析。又因为中子具有磁矩而没有电荷,可利用中子磁矩同晶态物质的原子磁矩的磁相互作用来测量晶态物质的原子磁矩的分布状态(称为磁结构),并不受物质中电荷的影响,称为中子衍射磁结构分析。这样便可以利用中子衍射同时进行晶体结构分析和磁结构分析。

磁单极子

一般看来,磁的来源总是同电相关的,即由电的运动(电流)产生磁场,而且产生物质磁性的磁矩也是同自旋和电荷相联系的。这样磁矩的两个磁极(北极和南极,或称正磁极和负磁极)便是不能分开和分离存在的。这同物质的电性是很不相同的。因为电性中既有电矩(带有正电极和负电极)的存在,也有分开的正电荷和负电荷的存在。这样就造成了磁和电的不对称,使描述电磁现象的麦克斯韦电磁方程组也显得不对称,例如电通密度的散度为电荷密度,而磁通密度的散度却为零,因为只有磁矩,没有分离的磁荷(磁极)。但是获得1933度诺贝尔物理学奖的英国物理学家狄拉克在1931年提出了磁单极子理论。这位物理学家既在创建相对论性量子电动力学理论上有过重要贡献,而且还有先提出了反物质学说、磁单极子学说和基本物理常数随时间变化学说,其中反物质学说已在实验上得到证实,并成为阿尔法磁谱仪的重点研究对象。而磁单极子学说自从 1931 年提出以来,到现在一直受到实验观测和理论研究的重视。这是因为磁单极子问题不仅涉及物质磁性的一种来源,电磁现象的对称性,而且还同宇宙极早期演化理论及微观粒子结构理论等有关,故成为科学界关注的一个重要问题。例如在实验观测方面,曾利用多种高能加速器进行许多实验,但都未能产生出磁单极子;曾对地球古代大陆岩石和海洋底岩石、从天外降落到地球上的各种陨石、从月球带回地球的月球岩石等进行观测也未观测到磁单极子及其留下的特征径迹,曾利用高空气球和空间飞行器上的粒子探测器探测磁单极子,在很多次探测中仅观测到一次的粒子径迹,经多方面分析研究,认为很可能是磁单极子的径迹,但至今尚未得到重复认证;还曾多次在地面实验室中利用高灵敏度和高磁屏蔽的超导量子干涉仪(SQUID)式磁强计进行磁单极子的探测,进行了长达 151 天的日夜不停的磁单极子探测,仅有一次观测结果经仔细分析研究,排除了多种干扰,认为是一次磁单极子事例,但是后来虽然经过多次重复探测,并且改进和增大了测量装置,提高了测量灵敏度,但是都未能再观测到磁单极子。总的说来,几十年来经过多方面和大量的关于磁单极子的实验观测,虽然曾有过两次可能是磁单极子的观测事例,但都尚未能得到重复的证实。

在磁单极子的理论研究方面,也曾提出过多种学说,各有其特点和根据。例如,除狄拉克最早提出的磁单极子学说外,还有:磁荷和电荷完全对称并具有新的量子化条件的全对称磁单极子学说;由著名华裔物理学家、诺贝尔物理学奖获得者杨振宁教授等提出的采用纤维丛新数学方法的量子力学磁单极子学说;应用统一规范场理论的规范磁单极子学说;应用爱因斯坦-麦克斯韦耦合场的相对论性耦合场磁单极子学说;应用超弦理论和四维规范模型的超重磁单极子学说;超对称和超弦磁单极子学说等。

总的看来,涉及磁学、电磁对称、宇宙早期演化和微观基本粒子结构等多方面的磁单极子问题是仍需要从实验观测和理论方面继续进行研究的科学问题。

生物也有磁性吗？这些磁性还有重要的应用吗？这好像是很难理解的。通过现代科学的大量和广泛的观测、实验和理论研究，表明包括人在内的生物体不但具有磁性和产生磁场，而且这些磁性和磁场对于生物还有着重要的使用。

地球磁场是人类生活离不开的一种环境因素。在前面介绍古代磁的发现、发明和应用方面的贡献，在这里将介绍的地球磁场在地球演化、生物活动和人类生活等方面的作用，都将认识到地球磁场和相关的地球磁现象的重要。但是这方面的内容也是十分丰富的，我们也仅能在这里介绍一些典型和重要的例子，即分别介绍了地球磁场的变化及其应用，地球磁场的反向，古地球磁场的变化研究极其重要应用，地球磁场的起源。这里还要说明一下，我们在这里介绍的不仅有一般的地球磁（场）现象，而且还将介绍岩石磁现象，古地磁现象等以及它们的应用，地球磁场的来源和演化等。地球磁场一般也简称地磁场。地磁学一般仅指关于地磁场的测量和研究，但是地球磁学就包括地磁学、岩石磁学、古地磁学和地球磁场的起源和演化。

宇宙磁现象是指地球以外的各种星体和星体之间的星际空间的磁现象。宇宙磁现象所涉及的空间范围和时间尺度都远超过地球。因此在这里只能选取其中一部分大家可能更为关心和更感兴趣的宇宙磁现象,如阿尔法(α)磁谱仪上天(空间)探测、"阿波罗"飞船登月测月磁、太阳磁活动与太空气象学、脉冲星与超强磁场。

基本粒子是构成原子和原子核的更小和更深入一层的粒子。但因随着科学研究的深入和进展,原来看作是基本粒子的也由更深层次的粒子的发现而变为非基本粒子了。例如,历史上曾经把原子、随后又把原子核看作是基本粒子,但是后来更进一步的研究表明,原子和原子核都不再是基本粒子。因此把基本粒子称为粒子。这里为了避免一般的误解,把基本粒子同常用的材料粒子和颗粒等相混淆,仍采用"基本粒子"一词,只是要理解"基本"是随着历史和科学进步而改变的。从当代科学研究和应用看,基本粒子的磁性研究和应用也是很广泛的。这里我们只介绍其中的一部分:电子磁矩的精密测量和理论计算,中子没有电荷却有磁性,磁单极子的探测和理论研究,夸克粒子和超子的磁性等。更多的相关知识还要读者自己去挖掘和探索。

磁 应 用

名句箴言

现在，我怕的并不是那艰苦严峻的生活，而是不能再学习和认识我迫切想了解的世界。对我来说不学习，毋宁死。

——罗蒙诺索夫

磁在收音机中的应用

收音机用到多种磁性材料和磁性器件。例如,收音机中都要使用电声喇叭把电信号变成声音,而一般最常用的电声喇叭便是永磁式电声喇叭。收音机所收到的电台发射机已将声音转换成的电信号,在受到电声喇叭中永久磁铁的磁场作用而使电线圈振动发声。这样便将电台发射的已转换为电信号的声音复原了。电声喇叭中的永久磁铁的磁场在这种电—声转换中起了重要的作用。喇叭则将电线圈的振动发声放大。另外在收音机中转换高频率的电信号和低频率的电信号也都需要使用多种的高频变压器和低频变压器,这些变压器也需要使用多种的磁性材料。

收音机

为了提高收音机的灵敏度和接收距离,需要使用天线。如果利用磁性材料制成磁天线,不但可以显著减小天线的尺寸,而且还可以显著提高收音机的灵敏度。这种磁天线的性能既同天线的设计有关,又同磁性材料的磁特性有关。

收音机工作时需要使用电源。有使用电池作电源的,也有使用交流电源的。在使用交流电源时,又需要使用变压器来改变电压。变压器也需要采用磁性材料。

这样可以看出,我们使用的收音机虽然体积很小,但是却离不开磁性材料,和用多种磁性材料制成的多种磁性器件。

在一个崇高的目的支持下，不停的工作，即使慢，也一定会获得成功。

——爱因斯坦

名句箴言

磁在电视机中的应用

电视机是我们生活中经常应用的另一种电器。磁在电视机中的应用也是相当多的。同收音机相比较，电视机不但能听到声音，而且能看到活动的图像。在彩色电视机中还能看到色彩鲜艳逼真的彩色活动图像。因此电视机要应用比收音机更多数量、更多种类和更多功能的磁性材料和磁性器件。

具体说来,电视机除了也使用收音机所使用的多种磁变压器和永磁电声喇叭外,还要使用磁聚焦器、磁扫描器和磁偏转器。

电视机的结构和工作原理是很复杂的。这里只简单地介绍磁在电视机中的作用。关于电视机中的声音部分基本上同收音机相似,这里就不再介绍,而只说明同活动图像相关的磁的应用。电视机中的活动图像的放映是在显像电子管中进行的。电视台将活动图像转换成电信号后通过无线或有线传送到电视接收机(简称电视机)中,经过一定的电信号变换和处理后再传送到显像管中。在显像管中,反映活动图像的电子束经过磁

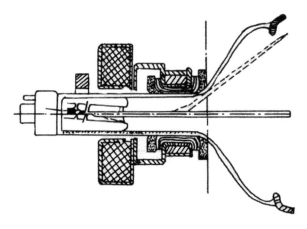

电视机显像管应用的磁聚集器和磁偏转器示意图

聚焦器、磁扫描器和磁偏转器的磁场聚集、扫描和偏转作用后投射到显像管的荧光屏上转换为光的活动图像。彩色电视机由红、绿、蓝 3 个基色信号组成彩色活动图像,因此显像管中含有 3 组电子束及它们的磁聚焦、磁扫描和磁偏转磁器件。再将 3 种基色活动图像合成彩色图像。因此,彩色电视的设备和成像过程等都更为复杂。但却都是采用一定的磁场来控制电子束的运动而完成成像的。

磁在磁录音机和磁录像机中的应用

磁录音机是将声音通过电流、磁场和物质磁性之间的转换而把声音记录到由磁性材料制成的磁记录带（简称磁带）上。这称为录音过程，或称磁录音。如果需要把磁带上录制的声音再放出来，则通过与磁录音相反的过程，即通过磁带的磁性→磁场→电流→声音之间的转换而把磁性再转换为声音。

这称为磁放音过程,或称磁放音。声音通过话筒,将声波振动转换为电流信号的相应变化,再通过电流放大器将电流信号放大后传送到录音磁头的电流线圈中,线圈中的带有很小空气隙的磁芯便会受电流线圈中的电流磁化,而在磁芯的空气隙中产生与电流、声音相对应的磁场。这一磁场使磁带上

磁记录介质受到磁化而产生相对应的磁化强度。当这部分磁记录介质离开录音磁头的空气隙磁场后,便保留

录音机

一定的剩余磁化强度,称为剩磁。这剩磁的大小同所要记录的声音强弱相对应。在放音时其过程是磁带移动通过放音磁头的空气隙时,磁带上的剩磁变化在空气隙中产生同剩磁相对应的磁场变化,在放音磁头中产生相对应的磁化强度变化,因而在放音磁头的电流线圈中产生相对应的电流变化,这电流变化经放大器放大后送入声喇叭即将电流变化转变为声音。这一放音过程是同录音过程相反的逆过程。

磁录像机是同磁录音机相似的家用电器。它们之间的

主要差异是:磁录音机为声－电－磁之间的转换,而磁录像机为光－电－磁之间的转换,正像收音机与电视机之间的差异。

磁录像机

名句箴言

如果不想在世界上虚度一生，那就要学习一辈子。

——高尔基《文学书简》

磁在新型汽车中的应用

汽车是现代的一种重要交通工具。一般汽车中使用的电话、收音机和电视机中都要应用到多种的磁性材料和磁性器件。在现代一些新型汽车中磁的应用也慢慢增多。例如现代一种新型家用小汽车便使用了 32 台小型永磁电动机，它们分别应用于时钟步进电机、录音机走带机械、电子计价器步进电机、电控反光机、车高调整泵、自动车速调节泵、起动电机、可伸缩车前灯、车前灯冲洗器、水箱冷却风扇、电容器冷却风扇、活门控制、颈部防损控制、车前灯擦净器、前窗冲洗器、前部擦净器、后窗冲洗器、后部擦净器、电动车窗、油泵、汽车门锁、可调减振器、空气净化器、后部空调器、汽车天线、遮阳车顶、大腿支撑泵、侧面支撑泵、气动腰部支撑泵、座椅斜倚器、座椅升降器、座椅移动器、真空泵、空气调节器、室温传感器、暖风机。

除上述的几种家用电器需要使用多种的磁性材料和磁性器件外，还有许多家用电器也要应用到磁，例如，电冰箱中的磁门封条和电动机，洗衣机、空调器、除尘器和电唱机中用的电动机，微波炉中用的磁控管，电门铃中用的电磁继电器，电子钟表中用的小型微型电动机等。可以看出，现代生活离不开磁。

名句箴言

我扑在书籍上，就像饥饿的人扑在面包上一样。

——高尔基

磁在发电机和电动机中的应用

我们生活在电气化时代。但是电能是如何得到的？一般说来，电能是从其他能量如热能、水的动能、原子能等转换成电能的，即先将这些能量通过热机或水力机转换为机械（动）能，再把机械能转换为电能。这种将机械能转换为电能的机械称为发电机。为了减少电能在长途传送途中的损失，必须将电能的电压提高、电流减小，这就需要把电压升高的升压变压器，或称高压变压器。当电能经高压输送到使用地后，为了使用方便和用电安全，又必须把高压电的电压降低。这就需要把电压降低的降压变压器，或称低压变压器。不论升压变压器或降压变压器都离不开磁的应用。在电能应用中，很多是应用于动力机械，这就是将电能转换为机械（动）能。将电能转换为机械动能的机械称为电动机。

电动机

发电机

发电机是由磁铁系统、在磁性材料上绕有电流线圈的电枢和使电枢转动的转动机械构成的。发电机工作时，转动机械使电枢旋转，电枢上的线圈在磁铁系统产生的磁场中旋转，切割磁场的磁力线时，根据电磁感应作用原理，便会在线圈中产生感应电动势，在这电流线圈为通路时便会产生电流。这样发电机便开始发电了。

电动机的构造是同发电机的构造相似的，也是由磁铁系统、在磁性材料上绕有电流线圈的电枢和使电枢转动的转动机械构成。但电动机工作时,是从外部电源在电枢的电流线圈中通过电流,根据电动机作用原理,电枢便会受磁场作用而转动。

变压器的构造是在磁性材料制成的磁芯上绕上两组通电流的线圈,称为绕组,其中一组是输入电流,称为输入绕组或称初级绕组;另一组是输出电流,称为输出绕组或称次级绕组。输入电压和电流通过电磁感应使变压器磁芯磁化,磁化的变压器磁芯又通过电磁感应使次级绕组产生输出电压和电流。根据电磁感应原理,输入电压与输出电压之比同输入绕组匝数与输出绕组匝数成正比,而输入电流与输出电流之比则同输入绕组匝数与输出绕组匝数成反比。

磁电机

从发电机、电动机和变压器的结构和工作原理都可以看出:磁的使用都是十分重要和不可缺少的。但同时也应特别注意,磁的作用只是在发电机、电动机和变压器的能量变换和转移中起着重要的作用,它并没有产生能量。

一个人的真正伟大之处就在于他能够认识到自己的渺小。

—— 约翰·保罗

名句箴言

磁浮列车

当前许多国家都在为提高陆地交通运输的速度、减少甚至消除汽车燃料对环境的污染而进行着多方面的研究和试验。磁浮列车和磁储氢汽车的研究、试验和初步应用便是其中之一。

目前一般火车的速度只有每小时约几十公里到上百公里,在多方面采取一些改善措施后可以提高到每小时约

100—200公里或稍高一些。但是由于火车速度越高,火车车轮与铁轨之间的摩擦也越大,这就限制了火车速度的进一步

磁浮列车

提高。如果能够使火车从铁轨上浮起来,消除了火车车轮与铁轨之间的摩擦,不就能很大地提高火车的速度吗?但是如何使火车从铁轨上浮起来呢?一般说来有两种可能的浮起方法。一种是气浮法,就是使火车向铁轨下的地面大量高速喷气而利用其反作用力把火车从铁轨道上浮起,但这样会激扬起大量尘土和产生很大噪声,都会对环境造成尘土和噪声污染而不能采用。另一种是磁浮法,就是利用火车与铁路轨道之间的磁作用力使火车从铁轨上浮起来,这样既不会扬起尘土,也不会产生喷气噪声,因而是一种提高火车速度的好方法。

我国已建成的有四川都江堰市青城山旅游区和上海市浦东的磁浮列车等。还可能建设北京至天津的长途磁浮列车。磁浮列车所用的产生磁场的磁体或称磁铁可以采用永磁体,一般由磁体或超导磁体或它们组合的复合磁体等。磁浮列车的优点较多,例如运行平稳,舒适性好;安全性高;速

度调节范围宽,可适用于不同的距离和不同的要求;噪声低,既无铁轨与车轮的摩擦噪声,又无传动和滚动噪声;平时由计算机对电力和电子设备进行检测,不需要一般火车的机械等例行检修,故维护费用低。但是,修建磁浮铁路和制造磁浮列车的初投经费却是很高的。

目前尚处于研究和试验中的磁储氢汽车是另一类具有特殊优势的磁交通设备。因为目前使用的汽车所用的燃料汽油在燃烧时产生的废气会造成环境污染,汽油的来源石油在地球上是有限的,因此研究和应用在汽车上既无污染、来源又丰富的新的汽车燃料便成为当前的一个重要问题。这问题是否也可以从磁科学技术来解决呢?利用磁储氢材料作汽车燃料就是一个重要的解决途径。什么是磁储氢材料?磁储氢材料有什么特点?从科学研究知道,氢是一种无污染或严格说污染极微小的燃料,可供燃烧的单位质量的能量密度很高。根据科学推算,地球上的石油储量只够用较短时期,但氢含有的作为燃料的化学能和作为热核聚变能源的核聚变能却可供使用约1000亿(10^{11})年,这比地球的年龄还要长,大约相当于宇宙演化年龄,甚至更长。但是要在汽车中使用氢的化学能,却不能简单地使用纯气态氢或纯液态氢作燃料。这是因为纯气态氢的体积太大,而且纯气态氢和纯液态氢都有易燃烧爆炸的安全问题。如果使用固态储氢材料,即将氢以固态化合物的组元形态存储在固态材料中,然后在一定的条件下释放出气态氢用作汽车燃料。在固态储氢材料中,磁性材料和含强磁性元素的化合物的磁储氢材料占有重要的地位。例如常用的储氢材料就有镍－镁－氢化物($NiMgH_4$)、铁－钛－氢化物($FeTiH_{1.95}$)和镧－镍－氢化物($LaNi_5H_7$)等。目前已经进行过在汽车中应用磁储氢器的许多试验。这些磁储氢器在使用一定时间后,又需要在一定条件下进行再充氢气。这就像蓄电池在使用一定时间后需要进行再充电一样。不过目前的磁储氢器的不足之处是磁储氢材料的重量还较大,还需要进一步减轻磁储氢材料的重量。还有即将在汽车中应用的氢燃料电池,虽未用到磁,却也是值得关注的。

一个永磁体与另一个永磁体能够不接触而互相施加力，人们曾经称这样的现象为超距作用。近代的物理学家为了解释电荷之间的和永磁体之间的相互作用力引入了"场"的概念：在一个永磁体周围的空间中存在着一个磁场，使处于这空间中任何位置的另一个永磁体受到磁场所施加力的作用，同时第二个永磁体所产生的磁场也对第一个永磁体施加着反作用力。因为力是矢量，所以磁场是矢量场。许多实验事实都证明，磁场是真实的存在。

抗磁性的基本来源是电磁感应。电磁感应是法拉第的重大发现：围绕着随时间变化着的磁通量，有感应电动势（或即电场）产生，故能在导线电路中产生电流或在大块导体中产生涡流。这里感应电流所产生的磁场对感应起它们的磁场变化起着反抗作用，这就是楞次定律。

寻常导体中因有电阻，在稳恒磁场的建立过程中感应产生的电流很快被消耗掉，它们只有在瞬时，电磁感应对原子或分子内运动着的电子也有类似的作用。可见，一切物质都有一定的抗磁性，只因它很微弱，易被其他磁性所掩蔽。

显示抗磁性的物质的原子、离子或分子中的电子在基态都是成对的配合了的，它们的自旋磁矩和轨道磁矩各互相抵消。

超导电性材料在外磁场中被冷却至其临界温度以下时，体内即产生电流，把体内磁通量全部排至体外，这就是迈斯纳效应。所以超导体也被称为完全的抗磁体。

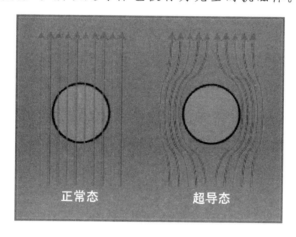

正常态　　　　超导态

迈斯纳效应